Mein Recht auf Datenschutz nach der Datenschutz-Grundverordnung

Alle Ansprüche kennen und effektiv durchsetzen, z. B.

Datenauskunft
Datenberichtigung
Datenlöschung
Datenübertragung

von

Thomas Kranig, Präsident des Bayerischen Landesamts für Datenschutzaufsicht

und

Dr. Eugen Ehmann, Regierungspräsident von Unterfranken

C.H.BECK

Vorwort

Seit dem 25. Mai 2018 gilt die Datenschutz-Grundverordnung (DS-GVO). Sie hat erstmals ein einheitliches Datenschutzrecht für die gesamte Europäische Union geschaffen.

Ein wesentliches Ziel der neuen Regelungen besteht darin, die Rechte der „betroffenen Person" zu stärken. Was unter einer „betroffenen Person" zu verstehen ist, lässt sich für den Alltagsgebrauch so zusammenfassen: Wenn sich Daten auf einen bestimmten Menschen beziehen, dann ist er hinsichtlich dieser Daten die betroffene Person.

Wesentlich ist also, dass „personenbezogene Daten" vorliegen. Das ist der Fall, wenn die Daten eine Person identifizieren. Das kann direkt oder indirekt geschehen, wobei sich beides nicht immer leicht abgrenzen lässt. Dass die Zuordnung von Daten zu einer Person durch einen Namen oder durch eine Kennnummer (z.B. Steuernummer) erfolgen kann, dürfte jedem klar sein. In Betracht kommt aber auch eine Zuordnung zu einer Person beispielsweise durch Standortdaten oder durch eine Online-Kennung, obwohl dabei kein Name einer Person enthalten ist. Körperliche, genetische oder kulturelle Merkmale können mindestens genauso aussagekräftig sein wie ein Name. Personenbezogene Daten finden sich deshalb vielfach auch dort, wo man sie auf den ersten Blick gar nicht vermutet.

Die Grundrechtecharta der Europäischen Union bestimmt in ihrem Art. 8, dass jede Person das Recht auf Schutz der sie betreffenden personenbezogenen Daten hat. Ferner ist dort festgelegt, dass alle personenbezogenen Daten nur nach Treu und Glauben und nur für genau festgelegte Zwecke verarbeitet werden dürfen. Als Rechtsgrundlage für die Verarbeitung ist entweder eine Einwilligung der betroffenen Person oder eine gesetzliche Grundlage erforderlich.

Hinsichtlich der einzelnen Schutzrechte einer betroffenen Person legt Art. 8 der Grundrechte-Charta fest, dass jede Person Auskunft über die sie betreffenden Daten verlangen kann. Sollten Daten unrichtig sein, kann sie eine Berichtigung der Daten fordern. Damit sind bereits auf grundrechtlicher Ebene zwei fundamental wichtige Rechte betroffener Personen verankert. Daneben bestehen noch weitere Rechte, die sich erst aus der DS-GVO ergeben. Dies gilt etwa für das Recht auf die Übertragung von personenbezogenen Daten, beispielsweise beim Wechsel eines Anbieters von Online-Dienstleistungen.

Daten sind das „Öl des 21. Jahrhunderts". In der heutigen Zeit wird alles digitalisiert und vernetzt, was digitalisiert und vernetzt werden kann. Daten allgemein, besonders aber personenbezogene Daten, haben einen erheblichen wirtschaftlichen Wert. Dies führt zu Interessengegensätzen und manchmal auch zu Interessenkonflikten. Nicht alles, was etwa Unternehmen mit Daten von Personen gern tun würden, liegt ohne weiteres im Sinne dieser Personen. Daher besteht ein Bedarf an rechtlichen Spielregeln, die für alle Beteiligten die nötige Orientierung schaffen.

Die DS-GVO bietet den Rahmen dafür, wie Unternehmen, Vereine, Selbständige oder Verbände (in der DS-GVO „Verantwortliche" genannt) mit personenbezogenen Daten umgehen dürfen. Damit befasst sich unsere Broschüre „Erste Hilfe zur Datenschutz-Grundverordnung für Unternehmen und Vereine", die Ende 2017 erschienen ist. Die DS-GVO regelt aber auch umfassend, welche Rechte betroffene Personen einfordern können. Diesem spezifischen Aspekt widmet sich die vorliegende Broschüre.

Aus der täglichen Praxis der Aufsichtsbehörden ist bekannt, dass betroffene Personen manchmal ihre Datenschutzrechte nur geltend machen, um einen anderweitig bestehenden Konflikt (etwa unter Nachbarn oder zwischen Arbeitgeber und Arbeitnehmer) zusätzlich noch mit den „Waffen des Datenschutzrechts" auszutragen. Wer solche Ziele verfolgt, möge sich und uns die Lektüre dieser Broschüre ersparen. Wir wollen ausschließlich Personen weiterhelfen, die eine echte Sorge um den zulässigen Umgang mit ihren personenbezogenen Daten umtreibt.

Ihnen möchten wir möglichst alle erforderlichen Informationen dazu an die Hand geben, welche Rechte sie gegenüber Unternehmen, Vereinen, Selbstständigen und anderen Verantwortlichen haben, die mit ihren personenbezogenen Daten umgehen. Verschiedene Muster sollen Hilfestellung leisten, um diese Rechte im Alltag tatsächlich auch geltend machen zu können.

In unserem Sinne wäre es, wenn auch die für Datenschutz Zuständigen vor allem in Unternehmen und Vereinen zu dieser Broschüre greifen würden. Sie kann ihnen in mancherlei Weise bewusstmachen, mit welchen berechtigten Forderungen von betroffenen Personen sie zu rechnen haben und wie sie diesen Forderungen sachgerecht entsprechen können. Dazu mögen Muster dienen, wie z.B. eine korrekte Auskunft aussehen könnte. Sie sollen gleichzeitig betroffenen Personen bewusst machen, was sie erwarten dürfen und was nicht.

Insgesamt muss aus unserer Sicht das Bewusstsein dafür wachsen, dass effektiver Datenschutz nichts ist, was die Aufsichtsbehörden für den Datenschutz allein herbeiführen können. Viel wichtiger ist die Rolle der Verantwortlichen, die Daten verarbeiten, einerseits und die Rolle der betroffenen Personen, die ihre Rechte geltend machen, andererseits. Wenn betroffene Personen ihre Datenschutzrechte einfordern (z.B. durch ein Verlangen nach Auskunft) und wenn sie sich gegen Verstöße wehren (z.B. durch eine Beschwerde bei der Datenschutzaufsicht), merken Verantwortliche, dass Datenschutz ein Dauerthema ist, das sie permanent im Auge behalten müssen.

Herzlich danken möchten wir Tatjana Halm von der Verbraucherzentrale Bayern, die uns als „amtliche Verbraucherschützerin“ durch kritisch-konstruktive Hinweise tatkräftig unterstützt hat.

Eugen Ehmann und Thomas Kranig

Inhaltsverzeichnis

1. Kapitel. Um was geht es?

Die Rechte, die einer betroffenen Person zustehen, regelt die DS-GVO in einem eigenen Kapitel III („Rechte der betroffenen Person"). Es wäre jedoch ein Fehler, sich ausschließlich auf dieses Kapitel zu konzentrieren, wenn man eines der Rechte geltend machen will. Vorher müssen drei Vorfragen allgemeiner Art geklärt sein:

- Ist die DS-GVO als Ganzes im konkreten Fall überhaupt anwendbar?
- Ist derjenige, der ein Recht geltend machen will, wirklich als betroffene Person anzusehen?
- Steht fest, dass keine abweichenden Sondervorschriften zur Anwendung kommen, die einen Rückgriff auf Kapitel III der DS-GVO ausschließen würden?

Sollte eine dieser drei Fragen mit „nein" zu beantworten sein, kommen die Rechte gemäß Kapitel III DS-GVO nicht zur Anwendung.

Abschließend gehen wir in diesem Kapitel als vierte Vorfrage noch kurz darauf ein, ob es Besonderheiten gibt, wenn eine Einwilligung vorliegt.

Erste Vorfrage: Anwendbarkeit der DS-GVO als Ganzes?

Die Anwendung der DS-GVO setzt immer voraus, dass personenbezogene Daten vorliegen (siehe Art. 2 Abs. 1 DS-GVO: „Diese Verordnung gilt … für die … Verarbeitung personenbezogener Daten). Die rechtliche Definition des Begriffs „personenbezogene Daten" ist relativ schwierig formuliert.

DEFINITION 1:

Personenbezogene Daten sind alle Informationen, die sich auf eine identifizierte oder identifizierbare natürliche Person (im Folgenden „betroffene Person") beziehen; als identifizierbar wird eine natürliche Person angesehen, die direkt oder indirekt, insbesondere mittels Zuordnung zu einer Kennung wie einem Namen, zu einer Kennnummer, zu Standortdaten, zu einer Online-Kennung oder zu einem oder mehreren besonderen Merkmalen, die Ausdruck der physischen, physiologischen, genetischen, psychischen, wirtschaftlichen, kulturellen oder sozialen Identität dieser natürlichen Person sind, identifiziert werden kann (Art. 4 Nr. 1 DS-GVO).

Wichtig ist dabei, dass es stets um die Daten von natürlichen Personen gehen muss, also um die Daten von Menschen. Daten juristischer Personen (also etwa Daten einer AG oder GmbH) schützt die DS-GVO nicht. Das hebt Erwägungsgrund 14 Satz 2 zur DS-GVO ausdrücklich hervor: „Diese Verordnung gilt nicht für die Verarbeitung personenbezogener Daten juristischer Personen und insbesondere als juristische Person gegründeter Unternehmen, einschließlich Name, Rechtsform oder Kontaktdaten der juristischen Person."

Manchmal enthält die Bezeichnung einer juristischen Person (etwa einer AG oder GmbH) den Namen einer noch lebenden natürlichen Person. Dann kann die Bezeichnung der juristischen Person gleichzeitig zu den personenbezogenen Daten der natürlichen Person zu rechnen sein.

BEISPIEL

Herr Josef Schmidtke gründet die Josef Schmidtke GmbH. Er ist deren alleiniger Inhaber und Geschäftsführer.

Hier geht es nicht ausschließlich um die Bezeichnung einer juristischen Person. Der Name der GmbH gehört vielmehr auch zu den personenbezogenen Daten von Herrn Schmidtke.

Doch auch dann, wenn personenbezogene Daten im Sinn von Definition 1 vorliegen, ist die DS-GVO nicht immer anwendbar. Dabei sind zwei Konstellationen praktisch besonders bedeutsam:

- Die DS-GVO gilt insgesamt nicht für Strafverfolgungs- und Strafvollstreckungsbehörden (siehe Art. 2 Abs. 2 Buchstabe d DS-GVO). Somit bestehen die Rechte gemäß Kapitel III der DS-GVO beispielsweise nicht gegenüber Staatsanwaltschaften und Behörden des Justizvollzugs. Für diese Bereiche existieren Sondervorschriften, die wir in dieser Broschüre nicht behandeln.
- Die DS-GVO gilt ferner insgesamt nicht, wenn die Verarbeitung von personenbezogenen Daten durch eine natürliche Person erfolgt und sie außerdem ausschließlich persönlichen oder familiären Tätigkeiten dient (Art. 2 Abs. 2 Buchstabe c DS-GVO). Das betrifft rein private Aktivitäten von Menschen. Die Abgrenzung der Begriffe „persönliche oder familiäre Tätigkeiten" wird an folgendem Beispiel deutlich:

BEISPIEL

- Ein Vater fotografiert seine Kinder bei einem Sonntagsausflug. Das ist eine rein persönliche/familiäre Tätigkeit. Die DS-GVO ist daher auf die entstandenen Bilder nicht anwendbar, obwohl sie eindeutig personenbezogene Daten enthalten. Irgendwelche Rechte der abgebildeten Kinder nach der DS-GVO können also nicht bestehen. Dabei bleibt es auch, wenn Beziehungskrisen bestehen oder es zu einer Scheidung der Eltern kommt. Die Rechte nach der DS-GVO eignen sich damit nicht als „Waffe" im Rahmen von Beziehungskonflikten.
- Der Vater aus dem vorigen Beispiel benutzt die Bilder auf seiner beruflichen Homepage, die er beispielsweise als Freiberufler eingerichtet hat. Damit verlässt er die persönlich/familiäre Sphäre. Die DS-GVO kommt deshalb zur Anwendung. Die abgebildeten Kinder haben die in Kapitel III der DS-GVO vorgesehenen Rechte (z.B. das Recht auf Auskunft). Wer zur Durchsetzung dieser Rechte handeln kann (etwa die Mutter der Kinder allein?), ist eine Frage des Familienrechts. Die DS-GVO und das sonstige Datenschutzrecht enthalten hierzu keine Regelungen.

Zweite Vorfrage: Eigenschaft als betroffene Person?

Die Rechte nach Kapitel III der DS-GVO kann stets nur eine betroffene Person geltend machen. Das ergibt sich klar aus der Überschrift zu diesem Kapitel. Dieser Begriff ist wie folgt definiert:

DEFINITION 2:

Betroffene Personen sind alle natürlichen Personen, mit deren personenbezogenen Daten andere umgehen.

Wenn z.B. ein Online-Shop von einem Kunden Name, Adresse und Bankverbindung zur Abwicklung eines Kaufvertrages haben und speichern möchte, ist der Kunde datenschutzrechtlich eine betroffene Person, da der Online-Shop die personenbezogenen Daten des Kunden, wie etwa Name, Adresse und Bankverbindung, abfragt und speichern möchte.

Grundsätzlich ist danach jede natürliche Person, mit deren personenbezogenen Daten andere umgehen, unabhängig davon, ob dies zur Abwicklung von Geschäften erfolgt oder nicht, betroffene Person.

Statt von „betroffener Person" (so der Begriff in Art. 4 Nr. 1 DS-GVO) spricht man oft auch vom „Betroffenen". Beide Begriffe meinen dasselbe. Auch wir verwenden sie gleichbedeutend nebeneinander.

Es kann auch vorkommen, dass sich ein- und dieselben personenbezogenen Daten zugleich auf mehrere Personen beziehen.

BEISPIEL

Wenn mehrere Personen in einem kleinen Team von beispielsweise drei Personen arbeiten und Bauteile herstellen, dann sagt die Zahl der fertigen Bauteile indirekt etwas über die Leistung jedes einzelnen Teammitglieds aus.

In solchen Fällen ist jedes Teammitglied eine betroffene Person.

Dritte Vorfrage: Vorliegen abweichender Sondervorschriften?

Vor allem bei Sicherheitsbehörden, Justizbehörden und militärischen Stellen ist zu beachten: Ihnen gegenüber können Rechte der betroffenen Person unter bestimmten Voraussetzungen durch besondere gesetzliche Regelungen der Mitgliedstaaten eingeschränkt sein. Das lässt Art. 23 Abs. 1 DS-GVO ausdrücklich zu. Derartige Sonderregelungen haben den Vorrang vor den Bestimmungen gemäß Kapitel III der DS-GVO. Solche Besonderheiten behandeln wir in dieser Broschüre nicht.

Abgesehen von solchen Sonderregelungen gilt jedoch: Die Rechte gemäß Kapitel III der DS-GVO gelten gegenüber allen Verantwortlichen, die eine Verarbeitung von personenbezogenen Daten durchführen. Sie gelten also auch gegenüber Behörden. Das ergibt sich aus dem sehr weiten Begriff des „Verantwortlichen" in Art. 4 Nr. 7 DS-GVO.

DEFINITION 3:

Verantwortlicher ist die natürliche oder juristische Person, Behörde, Einrichtung oder andere Stelle, die allein oder gemeinsam mit anderen über die Zwecke und Mittel der Verarbeitung von personenbezogenen Daten entscheidet (Art. 4 Nr. 7 DS-DVO).

Mit anderen Worten: Verantwortlicher ist jemand, der im eigenen Interesse mit personenbezogenen Daten von anderen umgeht.

Abschließende (vierte) Vorfrage: Gibt es Besonderheiten bei Vorliegen einer Einwilligung?

Die Einwilligung der betroffenen Person ist eine mögliche Rechtsgrundlage dafür, dass personenbezogene Daten verarbeitet werden dürfen. Dies ergibt sich für besonders sensible Daten (etwa Gesundheitsdaten) aus Art. 9 Abs. 2 Buchstabe a DS-GVO, für alle anderen Arten von Daten aus Art. 6 Abs. 1 Unterabsatz 1 Buchstabe a DS-GVO.

Dass eine wirksame Einwilligung vorliegt, führt nicht dazu, dass die Rechte der betroffenen Person gemäß Kapitel III der DS-GVO in irgendeiner Weise eingeschränkt werden. Diese Rechte gelten auch dann, wenn die Verarbeitung von personenbezogenen Daten auf einer Einwilligung beruht.

2. Kapitel. Übersicht über Ihre Rechte und Ihre Ansprechpartner

Betroffene Personen sind, wie oben ausgeführt, Personen, mit deren personenbezogenen Daten andere umgehen.

Rechte im Verhältnis zu den Verantwortlichen

Unter „Betroffenenrechte" werden im Allgemeinen die Rechte verstanden, die betroffene Personen gegenüber Verantwortlichen (zu diesem Begriff siehe Definition 3, S. 8) ausüben können. Dies können Rechte sein, die die Verarbeitung erst ermöglichen, wie z. B.

- Einwilligung (Art. 7 DS-GVO),

ferner Rechte, die die erforderliche Transparenz über die Verarbeitung schaffen, wie z. B.

- Information (Art. 12, 13, 14 DS-GVO),
- Auskunft (Art. 15 DS-GVO),
- Berichtigung (Art. 16, 19 DS-GVO),
- Datenübertragbarkeit (Art. 20 DS-GVO),

und schließlich Rechte, die eine (weitere) Verarbeitung verhindern, wie z. B.

- Widerspruch (Art. 7 und 21 DS-GVO) oder
- Einschränkung der Verarbeitung (Art. 18 und 19 DS-GVO).

Verantwortliche haben ferner gegenüber den Betroffenen die Verpflichtung, sie nicht einer Entscheidung zu unterwerfen, die ausschließlich auf einer automatisierten Verarbeitung beruht („Profiling"). Ferner müssen sie im Falle einer Verletzung des Schutzes personenbezogener Daten die Betroffenen informieren. Man könnte deshalb die beiden Rechte auf

- nicht automatisierte Entscheidung (Art. 22 DS-GVO) und auf
- Information über die Verletzung des Schutzes personenbezogener Daten

ebenfalls noch zu den Betroffenenrechten zählen.

Rechte gegenüber den Aufsichtsbehörden

Betroffene Personen können sich, wenn sie der Ansicht sind, dass die Verarbeitung ihrer personenbezogenen Daten gegen die DS-GVO verstößt, mit einer Beschwerde an jede Aufsichtsbehörde in der EU wenden (Art. 77 DS-GVO). Ferner haben betroffene Personen das Recht auf einen wirksamen gerichtlichen Rechtsbehelf gegen einen sie betreffenden „rechtsverbindlichen Beschluss" einer Aufsichtsbehörde.

Zivilrechtliche Klage gegen den Verantwortlichen

Schließlich können betroffene Personen, wenn sie meinen, dass ein Verantwortlicher ihre Datenschutzrechte verletzt, vor einem Zivilgericht gegen den Verantwortlichen mit dem Ziel klagen, dass eine weitere Datenschutzverletzung unterbleibt und/oder der Verantwortliche Schadensersatz zu leisten hat (Art. 82 DS-GVO).

Strafantrag

Wenn ein Verantwortlicher gewerbsmäßig erhebliche Datenschutzverstöße begeht, kann die davon betroffene Person (und auch die Aufsichtsbehörde) einen Strafantrag stellen. Beachten Sie, dass dabei eine Frist und formale Voraussetzungen zu beachten sind (siehe dazu 6. Kapitel Ziffer 3, S. 44).

Unterstützung durch Verbraucherverbände

Außerdem können betroffene Personen sich an Verbraucherschutzverbände wenden und sie bitten, in ihrem Namen eine Beschwerde bei der Aufsichtsbehörde oder Klagen gegen die Aufsichtsbehörde oder den Verantwortlichen zu erheben (Art. 80 Abs. 1 DS-GVO).

3. Kapitel. Ihre Rechte gegenüber Unternehmen und Vereinen

Aktiver und reaktiver Aspekt der Betroffenenrechte

Die Betroffenenrechte verpflichten Verantwortliche einerseits, **aktiv** im Wege einer transparenten Information über die von ihnen geplante Datenverarbeitung und über etwaige Verletzungen der Datensicherheit zu informieren (Informationsrechte gemäß Art. 13 und 14 DS-GVO).

Andererseits müssen Verantwortliche **reaktiv** Verlangen nach Auskunft, Berichtigung, Löschung, Einschränkung der Verarbeitung, Übertragung der Daten, Widerspruch gegen die Verarbeitung und das Recht, nicht ausschließlich Objekt eines Computerprogramms zu sein, unverzüglich erfüllen (Betroffenenrechte gemäß Art. 15 bis 22 DS-GVO).

1. Transparente Information

Die Verbesserung der Transparenz im Umgang mit personenbezogenen Daten war eines der besonderen Ziele der Gesetzgeber der Datenschutz-Grundverordnung. Für die betroffene Person soll sichtbar werden, wer mit welchen Daten zu welchem Zweck umgeht. Die Verpflichtung des Verantwortlichen zur transparenten Information bedeutet: Wann immer ein Verantwortlicher mit personenbezogenen Daten von Betroffenen umgehen möchte, sind diese Betroffenen darüber zu informieren, was zu welchem Zweck mit ihren personenbezogenen Daten geschehen soll. Das hat in „präziser, transparenter, verständlicher und leicht zugänglicher Form in einer klaren und einfachen Sprache" zu erfolgen (so wörtlich Art. 12 Abs. 1 DS-GVO) – und zwar bevor es tatsächlich passiert, nicht erst im Nachhinein.

Dabei ist danach zu unterscheiden, ob der Verantwortliche Daten unmittelbar bei der betroffenen Person erheben möchte (Fall der „Direkterhebung") oder „über Umwege" von einem Dritten (Fall der „Dritterhebung").

a) Informationspflicht bei Direkterhebung

Wenn der Verantwortliche Informationen von der betroffenen Person selbst erhalten möchte (Fall der „Direkterhebung"), muss er sie insbesondere informieren über:

- Namen und Kontaktdaten des Verantwortlichen
- Kontaktdaten eines Datenschutzbeauftragten, sofern vorhanden
- Zwecke, für die die personenbezogenen Daten verarbeitet werden sollen und die Rechtsgrundlagen dafür
- Interessen des Verantwortlichen, wenn er Daten auf der Basis einer Interessenabwägung verarbeiten möchte
- Empfänger der Daten, wenn der Verantwortliche sie weitergeben möchte
- Dauer der Datenspeicherung
- Bestehen der Rechte auf Auskunft, Berichtigung, Löschung, Einschränkung der Verarbeitung, Übertragbarkeit und Widerspruch
- Möglichkeit des Widerrufs einer Einwilligung
- Bestehen eines Beschwerderechts bei der Aufsichtsbehörde
- Bestehen einer automatisierten Entscheidungsfindung, inklusive aussagefähiger Information über die verwendete Logik und Tragweite der Entscheidung (z. B. Profiling).

So sieht es Art. 13 DS-GVO vor.

Ist beabsichtigt, die Daten später noch zu einem anderen Zweck zu nutzen, sind die oben genannten Informationen, soweit einschlägig, unter Berücksichtigung des neuen, anderen Zwecks, wiederum zu übermitteln.

Wie diese Informationspflichten in der täglichen Praxis effektiv umzusetzen sind, ist derzeit noch nicht ausreichend klar. Abstellen sollte man darauf, welche Informationen eine betroffene Person voraussichtlich benötigt, um beurteilen zu können, wie ihre personenbezogenen Daten verarbeitet werden und um entscheiden zu können, ob sie das will oder nicht. Stets sollte man sich fragen, welche Informationen sie wahrscheinlich erwartet. Ein gedankenloses Überhäufen mit zu vielen Informationen gegen den (zumindest gefühlten) Willen eines Betroffenen kann dem Datenschutz auch schaden.

Klar ist, dass Informationen nicht zur Verfügung gestellt werden müssen, wenn die betroffene Person bereits über sie verfügt. Ob sie aber darüber bereits verfügt, kann im Einzelfall schon nicht mehr so klar sein.

Unklar ist oft, in welchen Situationen welche konkreten Informationen zur Verfügung gestellt werden müssen. Einige Beispiele sollen erläutern, worauf zu achten ist:

BEISPIEL VISITENKARTE

Übergibt ein Besucher auf einer Messe einem Mitarbeiter am Messestand seine Visitenkarte mit Bitte, ihm Informationen zu einem bestimmten Produkt zuzuschicken, besteht grundsätzlich keine Pflicht, irgendwelche weiteren Informationen zu geben.

Dies gilt jedenfalls, wenn dem Besucher klar ist, wer der Messestandbetreiber ist und man sich erkennbar darüber einig ist, dass die Daten auf der Visitenkarte nur für den Zweck der Informationszusendung verwendet werden sollen. Davon ist in aller Regel auszugehen, ohne dass das besonders ausgesprochen werden müsste.

Wenn der Messestandbetreiber die Daten auch für andere Zwecke (also über die Informationszusendung hinaus) verwenden möchte, muss er darüber natürlich informieren und sich eventuell eine Einwilligung dafür einholen.

b) Informationspflicht bei Dritterhebung

Hat ein Verantwortlicher personenbezogene Daten nicht unmittelbar bei der betroffenen Person, sondern bei Dritten erhoben, besteht ebenfalls eine Informationspflicht, und zwar über:

- Namen und Kontaktdaten des Verantwortlichen
- Kontaktdaten eines Datenschutzbeauftragten, sofern vorhanden
- Zwecke, für die die personenbezogenen Daten verarbeitet werden sollen und die Rechtsgrundlagen dafür
- Kategorien der personenbezogenen Daten
- gegebenenfalls Empfänger der Daten, wenn der Verantwortliche sie weitergeben möchte

So gibt es Art. 14 DS-GVO vor.

BEISPIEL PAUSCHALREISE

Bei einer Pauschalreise müssen mehrere Stellen zusammenarbeiten, z. B. Reisebüro, Fluggesellschaft, Hotel, Shuttleservice. Das Reisebüro hat unmittelbaren Kontakt mit dem Kunden und erhebt die Daten direkt bei ihm. Die anderen genannten Stellen erheben die Daten über die Reisenden dagegen beim Reisebüro, also bei einem Dritten. Dies geschieht zur ordnungsgemäßen Durchführung des Pauschalreisevertrages und ist von daher datenschutzrechtlich in Ordnung. Gleichwohl erfordert es entsprechende Informationen gegenüber der betroffenen Person, also gegenüber dem Reisenden.

BEISPIEL VERSICHERUNGS- UND GESUNDHEITSBEREICH

Für Versicherungen, die Gesundheitsschäden zu regulieren haben, bestimmt § 213 des Versicherungsvertragsgesetzes (VVG), dass sie personenbezogene Gesundheitsdaten nur bei Ärzten, Krankenhäusern usw. erheben dürfen. In Abs. 2 dieser Vorschrift ist gesetzlich geregelt, dass die betroffenen Personen darüber zu informieren sind. Nötig wäre diese Regelung nicht, denn diese Pflicht ergibt sich bereits aus der DS-GVO.

c) Übermittlung der Informationen an betroffene Personen

Auf welchem Weg der Verantwortliche die vorgeschriebenen Informationen an die betroffenen Personen übermittelt, ist nicht gesetzlich vorgeschrieben. Dies kann daher zum Beispiel schriftlich mit der Post, elektronisch oder auch mündlich erfolgen.

2. Einwilligung – Widerruf

Einwilligung ist jede freiwillig, für einen bestimmten Fall, in informierter Weise und unmissverständlich abgegebene Willensbekundung in Form einer Erklärung oder einer sonstigen eindeutigen bestätigenden Handlung, mit der die betroffene Person zu verstehen gibt, dass sie mit der Verarbeitung der sie betreffenden personenbezogenen Daten einverstanden ist. Eine Einwilligung kann jederzeit – ohne Angabe von Gründen – widerrufen werden. Der Widerruf muss dabei so einfach wie die Erteilung der Einwilligung angeboten werden. Wer mit Mausklick einwilligen kann, muss auch mit Mausklick widerrufen können.

Muster 1: Widerruf einer Einwilligung gemäß Art. 7 Abs. 3 DS-GVO

Absender .... Datum ....

....

....

An

....

....

....

Widerruf einer Einwilligung gemäß Art. 7 Abs. 3 DS-GVO

Sehr geehrte Damen und Herren,

ich,

.... *(Name)*

.... *(Straße)*

.... *(PLZ und Ort)*

widerrufe hiermit meine Einwilligung zur Verarbeitung der mich betreffenden personenbezogenen Daten für folgenden Fall:

....

(Hier den Fall beschreiben, für den Sie eine Einwilligung erteilt haben, die Sie nun widerrufen wollen.)

Des Weiteren fordere ich Sie auf, die mich betreffenden personenbezogenen Daten, die Sie auf der Basis meiner Einwilligung verarbeitet haben, unverzüglich zu löschen (Art. 17 Abs. 1 Buchstabe b DS-GVO), sofern für die Verarbeitung keine anderweitige Rechtsgrundlage gegeben ist.

Abschließend weise ich auf Folgendes hin: Sie sind gesetzlich dazu verpflichtet, mir unverzüglich, spätestens jedoch innerhalb eines Monats, mitzuteilen, welche Maßnahmen Sie in Bezug auf meinen Widerruf ergriffen haben. Dazu gehört auch, dass Sie mir, wenn Sie meine Daten nicht löschen, mitzuteilen haben, auf welcher Rechtsgrundlage Sie meinen, diese noch weiterverarbeiten (insbesondere speichern) zu dürfen (Art. 12 Abs. 3 DS-GVO).

Mit freundlichen Grüßen

....

(Unterschrift)

3. Auskunft

Das Recht auf Auskunft ist das Recht, das Betroffene am häufigsten in Anspruch nehmen. Der Grund liegt auf der Hand: Zunächst einmal muss ein Betroffener wissen, ob bei einem Verantwortlichen Daten über ihn vorhanden sind und um welche Daten es sich dabei handelt. Erst dann kann er seine weiteren Rechte (etwa die Rechte auf Berichtigung oder Löschung) gezielt ausüben.

Wer kann Auskunft verlangen?

Auskunft verlangen kann ausschließlich eine betroffene Person. Das sind alle Verbraucher oder rechtlich genauer gesagt, alle natürlichen Personen, mit deren Daten andere umgehen. Auskunft verlangen kann man somit nur über die eigenen personenbezogenen Daten, nicht über Daten anderer Personen. Sorgeberechtigte Eltern können den Auskunftsanspruch aber natürlich für ihre Kinder ausüben. Details dazu finden Sie im 1. Kapitel bei der 1. Vorfrage, S. 7.

Eine Auskunft erhält man nur, wenn man sie anfordert. Kein Verantwortlicher ist dazu verpflichtet, ohne Aufforderung von sich aus Auskunft zu erteilen. Darin liegt ein wichtiger Unterschied zu den Informationen, die man erhält, wenn Daten erhoben werden. Der Verantwortliche muss diese Informationen unaufgefordert geben. Sie sind sehr umfangreich (siehe dazu oben Ziffer 1). Zu ihnen gehört auch der Hinweis darauf, dass ein Auskunftsanspruch besteht. Sie sagen aber nichts darüber aus, welche personenbezogenen Daten bei einem Verantwortlichen konkret vorhanden sind. Darüber zu informieren ist der Zweck einer Auskunft.

Welche Stufen hat der Auskunftsanspruch?

Der Auskunftsanspruch ist zweistufig aufgebaut (so geregelt in Art. 15 Abs. 1 DS-GVO):

- Stufe 1: Auskunft darüber, ob der Verantwortliche überhaupt personenbezogene Daten der betroffenen Person verarbeitet
- Stufe 2 (nur relevant, falls Stufe 1 zu bejahen ist): Auskunft über die Daten selbst

Es ist möglich, gleich beide Stufen des Auskunftsanspruchs gemeinsam geltend zu machen. Möglich ist aber auch ein schrittweises Vorgehen. Zunächst macht man nur den Anspruch gemäß Stufe 1 geltend und erst dann, wenn überhaupt personenbezogene Daten vorhanden sind, den Anspruch gemäß Stufe 2. Das ergibt manchmal durchaus Sinn. So genügt der Anspruch gemäß Stufe 1 für sich allein, wenn man zunächst einmal nur wissen möchte, ob Daten verarbeitet werden, um dann in Stufe 2 zu sagen, zu welchen Bereichen man Informationen haben möchte. Wer immer gleich auch den Anspruch gemäß Stufe 2 geltend macht, wird möglicherweise mit einem sehr umfangreichen Datenberg „zugeschüttet".

Muster 2: Antrag auf Auskunft, ob Daten verarbeitet werden (1. Stufe)

Absender .... Datum ....

....

....

An

....

....

....

Antrag auf Auskunft gemäß Art. 15 DS-GVO, ob Daten verarbeitet werden

Sehr geehrte Damen und Herren,

ich bitte Sie, mir

.... *(Name)*

.... *(Straße)*

.... *(PLZ und Ort)*

zunächst darüber Auskunft zu erteilen, ob Sie personenbezogene Daten von mir verarbeiten, d. h. insbesondere gespeichert haben.

Zur Bestätigung meiner Identität

- teile ich Ihnen ergänzend noch folgende Informationen zu meiner Person mit:
  - .... *(Geburtsdatum)*
  - .... *(Vertragsnummer)*
  - .... *(......................)*
- habe ich folgende Unterlagen beigefügt:
  - .... *(z. B. Kopie Personalausweis)**
  -
  -
  -

Ich bitte Sie, mir die Auskunft

❑ elektronisch an folgende E-Mail-Adresse: ....

❑ per Post an die oben genannte Adresse

zu schicken. *(Zutreffendes ankreuzen)*

Abschließend bitte ich Sie zu beachten, dass Sie gesetzlich dazu verpflichtet sind, mir die Auskunft kostenlos innerhalb eines Monats zu erteilen (Art. 12 Abs. 3 DS-GVO).

Mit freundlichen Grüßen

....

(Unterschrift)

* Zum Nachweis der Identität siehe S. 18/19. Nur in besonderen Fällen ist es erforderlich, eine Kopie des Personalausweises beizufügen. Sie sind dort geschildert.

Was ist ein „Negativattest"?

Manchmal verarbeitet ein Verantwortlicher gar keine personenbezogenen Daten des Antragstellers. Dann muss der Verantwortliche im Rahmen von Stufe 1 ein „Negativattest" ausstellen. Er bestätigt darin, dass er keine personenbezogenen Daten des Antragstellers verarbeitet.

Muster 3: Negativattest

Unternehmen | Datum ....

Straße Hausnummer

PLZ Ort

An

Antragsteller

Straße Hausnummer

PLZ Ort

Auskunft über die zu Ihrer Person gespeicherten Daten nach Art. 15 DS-GVO

Sehr geehrte/r

wir danken Ihnen für Ihren Antrag auf Erteilung einer Auskunft vom .... *(Datum einsetzen)*, hier eingegangen am .... *(Datum einsetzen)*.

Nach sorgfältiger Prüfung der bei uns gespeicherten Daten teilen wir Ihnen mit, dass wir von Ihnen keine personenbezogenen Daten verarbeiten.

Bitte beachten Sie: Es ist nicht ausgeschlossen, dass wir früher einmal personenbezogene Daten von Ihnen verarbeitet haben und dass diese Daten inzwischen aufgrund entsprechender gesetzlicher Vorschriften gelöscht wurden.

Mit freundlichen Grüßen

....

(Unterschrift)

Wer ist zur Auskunft verpflichtet?

Auf den ersten Blick könnte man folgendes erwarten: Zur Auskunft verpflichtet ist jeder, der über personenbezogene Daten des Antragstellers verfügt. So einfach ist es jedoch nicht! Zur Auskunft verpflichtet ist ausdrücklich nur der Verantwortliche (siehe dazu Definition 3 im 1. Kapitel, S. 8). Das ist derjenige, der personenbezogene Daten entweder selbst verarbeitet (Variante 1) oder durch einen anderen verarbeiten lässt (Variante 2).

Variante 1 bereitet keine Verständnisprobleme: Wer selbst Daten verarbeitet, muss auch selbst Auskunft erteilen. Bei Variante 2 liegen die Dinge nicht so einfach. Mit der Variante 2, bei der jemand Daten „durch einen anderen verarbeiten lässt", ist der Fall der Auftragsverarbeitung gemeint. Jemand verarbeitet Daten nicht selbst, sondern lässt dies durch einen anderen erledigen. Dabei macht der Verantwortliche dem Auftragsverarbeiter genaue Vorgaben dafür, was zu tun ist. Weil der Verantwortliche durch seine Vorgaben letztlich das Geschehen beherrscht, richtet sich der Auskunftsanspruch ausschließlich gegen ihn, nicht gegen den Auftragsverarbeiter.

DEFINITION 4:

Auftragsverarbeiter ist eine natürliche oder juristische Person, Behörde, Einrichtung oder andere Stelle, die personenbezogene Daten im Auftrag des Verantwortlichen verarbeitet (Art. 4 Nr. 8 DS-GVO).

BEISPIEL

Ein Verantwortlicher will Werbebriefe an seine Kunden verschicken. Außerdem sind Wartungsarbeiten an seiner EDV nötig und die Buchhaltung ist nicht erledigt. Über die nötigen Personalkapazitäten und Fachkenntnisse verfügt er in allen drei Bereichen nicht. Deshalb beauftragt er jeweils einen externen Dienstleister. Diese Dienstleister sind Auftragsverarbeiter im Sinn von Definition 4. Denn sie führen diese Arbeiten nicht für eigene Zwecke durch, sondern für Zwecke eines anderen, nämlich für Zwecke des Verantwortlichen.

Was ist für die Feststellung der Identität erforderlich?

Auskunft verlangen kann nur eine betroffene Person (siehe dazu Definition 2 im 1. Kapitel, S. 8). Erteilt der Verantwortliche Auskunft an eine andere Person, hat er Daten der betroffenen Person an einen Unbefugten weitergegeben und damit eine Datenschutzverletzung begangen. Deshalb muss sich der Verantwortliche sorgfältig vergewissern, ob ein Auskunftsverlangen wirklich von der betroffenen Person selbst kommt. Andererseits darf er nicht pauschal einen besonderen Nachweis der Identität verlangen. Nur dann, wenn „begründete Zweifel an der Identität" bestehen, darf der Verantwortliche „zusätzliche Informationen anfordern, die zur Bestätigung der Identität der betroffenen Person erforderlich sind." (Art. 12 Abs. 6 DS-GVO).

Seien Sie also nicht verärgert, wenn auch einmal ein Nachweis der Identität gefordert wird. Das kann durchaus auch Ihrem Schutz dienen. Welcher Aufwand Ihnen dabei zugemutet werden kann, hängt insbesondere von den Daten ab, um die es geht. Eine pauschale Vorgabe gibt es also nicht. Drei Beispiele sollen verdeutlichen, was jeweils angemessen ist.

BEISPIEL 1

Sie bekommen einen Werbebrief von einem Unternehmen, mit dem Sie noch nie zu tun hatten. Sie verlangen Auskunft darüber, welche Daten das Unternehmen über Sie gespeichert hat. In diesem Fall wäre es überzogen, von Ihnen überhaupt irgendeinen Nachweis der Identität zu fordern.

Begründung: Viel mehr als die Adresse, die für das Schreiben an Sie benutzt worden ist, dürfte kaum gespeichert sein. Es geht also um wenige Daten. Sie sind zudem voraussichtlich nicht besonders sensibel. Zudem kommt Ihr Auskunftsbegehren in zeitlichem Zusammenhang mit der Aussendung der Werbebriefe. Für Zweifel an Ihrer Identität gibt es also keinen Anlass.

BEISPIEL 2

Sie sind seit Jahren Kunde eines Unternehmens. Sie lesen in der Zeitung, dass in diesem Unternehmen ein beträchtliches Datenleck vorgekommen ist. Nun möchten Sie zur Sicherheit wissen, über welche Daten von Ihnen dieses Unternehmen überhaupt verfügt. Sie fordern Auskunft über Ihre Daten, die dort verarbeitet werden. Wiederum besteht kein Anlass, von Ihnen irgendeinen Nachweis der Identität zu fordern.

Begründung: Es kann zwar durchaus um umfangreiche Daten gehen, weil die Geschäftsbeziehung seit Jahren besteht. Diese Daten können auch durchaus sensibel sein (so etwa, wenn es sich bei dem Unternehmen um einen Versender von Sexspielzeug handelt). Es besteht jedoch eine langdauernde Geschäftsverbindung. In ihrem Rahmen haben Sie ständig mit dem Unternehmen korrespondiert. Für Zweifel an Ihrer Identität besteht damit kein Anlass.

BEISPIEL 3

Sie wurden vor Jahren in einer Suchtklinik behandelt. Inzwischen sind Sie in eine ganz andere Stadt umgezogen. Kontakt mit der Suchtklinik hatten Sie seit Jahren nicht mehr. Vor kurzem haben Sie sich bei einem anderen Arzt als bisher in Behandlung begeben. Dieser Arzt möchte von Ihnen, dass Sie die Suchtklinik ihm gegenüber von der Schweigepflicht befreien. Er möchte Behandlungsberichte und Befunde von der Klinik anfordern. Sie möchten wissen, worauf Sie sich mit einer solchen Befreiung von der Schweigepflicht einlassen, d.h. welche Daten dann an den neuen Arzt herausgegeben würden. Deshalb schreiben Sie der Suchtklinik einen Brief und verlangen Auskunft. Inzwischen haben Sie eine ganz andere Anschrift als damals. Hier hat die Klinik allen Anlass, von Ihnen Belege dafür zu fordern, dass Sie wirklich die betroffene Person sind.

Begründung: Es bestand über Jahre hinweg kein Kontakt. Sie verfügen inzwischen über eine ganz andere Anschrift. Es geht um ausgesprochen sensible Daten, die der ärztlichen Schweigepflicht unterliegen. Die Klinik muss deshalb auch zu Ihrem Schutz misstrauisch sein.

Wie ist ein erforderlicher Nachweis der Identität möglich?

Der Nachweis der Identität kann – wenn er erforderlich ist – auf verschiedene Weise erfolgen. So könnten Sie etwa eine Meldebescheinigung des Einwohnermeldeamtes vorlegen, aus der sich sowohl Ihre frühere als auch Ihre jetzige Anschrift ergibt. Es handelt sich dabei um eine erweiterte Meldebescheinigung nach §18 Abs.2 Bundesmeldegesetz. Sie ist gebührenpflichtig. Ihr zuständiges Einwohnermeldeamt informiert Sie darüber, was eine solche Bescheinigung enthalten kann.

Denkbar wäre auch, eine Kopie Ihres Personalausweises vorzulegen. Für solche Kopien von Personalausweisen gibt es in §20 Abs.2 Personalausweisgesetz klare Regeln. Sie lauten wie folgt:

- *„Der Ausweis darf nur vom Ausweisinhaber oder von anderen Personen mit Zustimmung des Ausweisinhabers in der Weise abgelichtet werden, dass die Ablichtung eindeutig und dauerhaft als Kopie erkennbar ist.*
- *Andere Personen als der Ausweisinhaber dürfen die Kopie nicht an Dritte weitergeben.*
- *Werden durch Ablichtung personenbezogene Daten aus dem Personalausweis erhoben oder verarbeitet, so darf die datenerhebende oder -verarbeitende Stelle dies nur mit Einwilligung des Ausweisinhabers tun.*
- *Die Vorschriften des allgemeinen Datenschutzrechts über die Erhebung und Verwendung personenbezogener Daten bleiben unberührt."*

Es ist also Ihre Sache, die Ablichtung dauerhaft als Kopie zu kennzeichnen. Dies kann etwa durch Anbringen des Worts „Kopie" erfolgen und zwar auch handschriftlich. Von Farbkopien ist abzuraten. Eine Kopie in schwarz-weiß macht wesentlich deutlicher, dass es sich nicht um das Original handelt.

Die Kopie eines Reisepasses erfüllt übrigens für sich allein nicht denselben Zweck. Der Grund: Im Reisepass ist die vollständige Anschrift nicht enthalten. Hier hilft die zusätzliche Vorlage einer Meldebescheinigung, erhältlich beim Einwohnermeldeamt. Damit können Sie Ihre aktuelle Anschrift nachweisen (einfache Meldebescheinigung gemäß §18 Abs.1 Bundesmeldegesetz; gebührenpflichtig).

Wie kann man Auskunft verlangen?

Eine besondere Form ist dafür nicht vorgeschrieben. Eine persönliche Vorsprache beim Verantwortlichen ist möglich, aber oft zu aufwendig. Dennoch hat sie vor allem im Gesundheitsbereich durchaus eine gewisse Bedeutung. Ansonsten ist zu empfehlen, den Auskunftsanspruch per Brief geltend zu machen. Will man nachweisen können, dass man einen entsprechenden Brief geschickt hat, empfiehlt sich ein Einwurfeinschreiben. Im Allgemeinen erscheint das aber nicht erforderlich. Da ein Auskunftsverlangen nicht an eine bestimmte Frist gebunden ist, kann auch – jedenfalls von Ihnen als betroffener Person – keine Frist versäumt werden.

Ein Auskunftsverlangen per E-Mail wäre ebenfalls rechtlich möglich. Hier ist allerdings mit erhöhtem Misstrauen zu rechnen und dies aus gutem Grund. Eine E-Mail kann nämlich sehr leicht so manipuliert werden, dass sie nicht von der E-Mail-Adresse stammt, die der Empfänger sieht. Ausgeschlossen ist diese Gefahr bei der DE-Mail. Diese sichere Form der E-Mail ist jedoch kaum verbreitet.

Speziell für den Bereich der SCHUFA sollten Sie ergänzend folgendes Angebot beachten: https://www.meineschufa.de/index.php?site=11 (ganz nach unten scrollen bis zum Feld „Datenkopie nach Art. 15 DS-GVO"; bitte beachten Sie, dass auf der dann folgenden Seite rechts die kostenfreie Auskunft nach der DS-GVO und links ein kostenpflichtiges Zusatzangebot enthalten ist!).

Ist eine Begründung des Auskunftsverlangens erforderlich?

Klare Antwort: Nein! Berufen Sie sich einfach darauf, dass Sie Auskunft nach Datenschutzrecht verlangen. Das genügt. Es gibt keine Rechtsgrundlage dafür, von Ihnen eine Darlegung weiterer Hintergründe zu verlangen.

Der Auskunftsanspruch gilt auch unabhängig davon, ob Datenpannen vorgekommen sind oder ob Sie solche Pannen befürchten. Das Gesetz macht ihn nicht von einem bestimmten Anlass abhängig. Sie müssen keinerlei Angaben dazu machen, was Sie mit den Daten vorhaben.

Einzige (scheinbare!) Ausnahme: Wenn Sie Auskunftsanträge kurze Zeit nacheinander wiederholen, ist dies möglicherweise ein Fall von „exzessiven Anträgen“. Dann kann sich der Verantwortliche weigern, aufgrund des Antrags tätig zu werden (Art. 12 Abs. 5 Satz 2 Buchstabe b DS-GVO). Von einem exzessiven Antrag kann man im Allgemeinen ausgehen, wenn der letzte Antrag vor weniger als einem Jahr gestellt wurde. In einem solchen Fall müssten Sie begründen, warum Sie mehrere Anträge so kurz nacheinander stellen. Ein Grund hierfür wäre etwa, dass in der ersten Auskunft nachweislich falsche Daten enthalten waren. Dann können Sie eine Berichtigung verlangen. Eine zweite Auskunft schon kurz nach der Berichtigung kann dann belegen, dass die Daten jetzt wirklich stimmen.

Besteht eine Mitwirkungspflicht der betroffenen Person?

Sofern der Auskunftsantrag nicht auf bestimmte Daten beschränkt wird, muss der Verantwortliche Auskunft über alle vorhandenen Daten einer Person geben. Dies kann für ihn einen beträchtlichen Aufwand auslösen. Oft ist nämlich vor allem in größeren Unternehmen nicht sofort klar, wo überall Daten über eine bestimmte Person vorhanden sind.

Der Verantwortliche kann den Antragsteller bitten, ihn bei dieser Suche zu unterstützen. Verpflichtet ist der Antragsteller hierzu aber nicht. Der Verantwortliche muss seine Datenbestände so organisieren, dass er alle Daten findet, über die Auskunft zu erteilen ist.

Manche wollen dies anders sehen. Sie verweisen dabei auf Erwägungsgrund 63 Satz 7 DS-GVO. Dieser lautet: „*Verarbeitet der Verantwortliche eine große Menge von Informationen über die betroffene Person, so sollte er verlangen können, dass die betroffene Person präzisiert, auf welche Information oder welche Verarbeitungsvorgänge sich ihr Auskunftsersuchen bezieht, bevor er ihr Auskunft erteilt.*“

Diese Regelung berechtigt den Verantwortlichen jedoch nicht dazu, die Auskunft in irgendeiner Form zu verweigern. Ein Erwägungsgrund kann keine Einschränkungen vorsehen, die in der Regelung der Verordnung nicht enthalten sind. Letztlich enthält der Erwägungsgrund eine Art Appell an die Vernunft von Antragstellern. Sie sollen keinen unnötigen Aufwand auslösen, wenn sie nur ganz bestimmte Daten haben möchten. In einem solchen Fall sollen sie sich mit einer Teilauskunft zufriedengeben. Sie müssen dies allerdings nicht tun.

Wann macht eine Forderung nach einer teilweisen Auskunft Sinn?

Der Auskunftsanspruch bezieht sich auf alle Daten, die beim Verantwortlichen über die betroffene Person vorhanden sind. Die betroffene Person hat die Wahl, ob sie den Anspruch vollständig oder nur teilweise geltend macht. Eine Teilauskunft macht dann Sinn, wenn die betroffene Person genau weiß, welche Daten sie haben möchte.

BEISPIELE

- Jemand hat mehrere Versicherungen bei demselben Versicherungsunternehmen. Es geht ihm um die Daten im Zusammenhang mit einem bestimmten Versicherungsvertrag. Die anderen Versicherungen interessieren ihn zumindest im Augenblick nicht. Dann kann er seinen Auskunftsantrag etwa wie folgt formulieren: „Ich möchte gerne wissen, welche Daten Sie im Zusammenhang mit meinem Vertrag über die Berufsunfähigkeitsversicherung mit der Vers.-Nr. 1234567 gespeichert haben.“
- Jemand war in einem Krankenhaus wochenlang in Behandlung. Dabei sind umfangreiche Behandlungsunterlagen entstanden. Er interessiert sich nur für die Unterlagen über die Aufnahmeuntersuchung, die an einem bestimmten Tag stattgefunden hat. Dann sollte er seinen Auskunftsantrag etwa wie folgt formulieren: „Bitte stellen Sie mir Kopien aller Unterlagen zur Verfügung, die im Zusammenhang mit der Aufnahmeuntersuchung am 1. April 2019 an diesem Tag entstanden sind.“

Eine Beschränkung wie in den beiden Beispielen macht oft Sinn. Die Auskunft wird dann oft schneller erteilt. Außerdem erhält die betroffene Person genau das, was sie wirklich benötigt. Unnötiger Aufwand auf beiden Seiten, beim Verantwortlichen wie bei der betroffenen Person, wird vermieden.

Muster 4: Antrag auf Auskunft gemäß Art. 15 DS-GVO (ausführliche Fassung)

Absender .... Datum ....

....

....

An

....

....

....

Antrag auf Auskunft gemäß Art. 15 DS-GVO

Sehr geehrte Damen und Herren,

ich bitte Sie, mir

.... *(Name)*

.... *(Straße)*

.... *(PLZ und Ort)*

darüber Auskunft zu erteilen, welche personenbezogenen Daten Sie von mir verarbeiten, d. h. insbesondere gespeichert haben.

❑ Dabei interessieren mich insbesondere die Daten, die Sie im Zusammenhang mit .... *(Eingrenzung auf Daten zu bestimmten Verträgen, Lebenssachverhalten, Zeiträumen o. Ä.)* verarbeiten, d. h. insbesondere gespeichert haben.

❑ Zur Klarstellung weise ich darauf hin, dass ich Auskunft über alle bei Ihnen verarbeiteten, d. h. insbesondere gespeicherten Daten haben möchte.

(Zutreffendes ankreuzen)

Bitte denken Sie daran, mir (wozu Sie gemäß Art. 15 Abs. 1 DS-GVO verpflichtet sind) auf jeden Fall mitzuteilen,

- welche personenbezogenen Daten Sie von mir haben,
- zu welchen Zwecken Sie diese Daten verarbeiten,
- die Empfänger oder Kategorien von Empfängern, denen gegenüber Sie meine personenbezogenen Daten offengelegt haben,
- die geplante Dauer der Speicherung meiner Daten bei Ihnen,
- wenn Sie die Daten nicht bei mir erhoben haben, woher Sie diese Daten haben und
- ob Sie diese Daten im Sinne eines Profilings für eine automatisierte Entscheidungsfindung nutzen und wenn ja, aussagekräftige Informationen über die involvierte Logik sowie die Tragweite und die angestrebten Auswirkungen einer derartigen Verarbeitung auf meine Person.

Zur Bestätigung meiner Identität und Glaubhaftmachung dafür, dass ich berechtigt bin, die beantragte Auskunft von Ihnen zu bekommen,

- teile ich Ihnen ergänzend noch folgende Informationen zu meiner Person mit:
  - .... *(Geburtsdatum)*
  - .... *(Vertragsnummer)*
  - .... *(......................)*
- habe ich folgende Unterlagen beigefügt:
  - .... *(z. B. Kopie Personalausweis)**
  -
  -
  -

Ich bitte Sie, mir die Auskunft

❑ elektronisch an folgende E-Mail-Adresse: ....

❑ per Post an die oben genannte Adresse

zu schicken. *(Zutreffendes ankreuzen)*

Abschließend bitte ich Sie zu beachten, dass Sie gesetzlich dazu verpflichtet sind, mir die Auskunft kostenlos innerhalb eines Monats zu erteilen (Art. 12 Abs. 3 DS-GVO).

Mit freundlichen Grüßen

....

(Unterschrift)

* Zum Nachweis der Identität siehe S. 18/19. Nur in besonderen Fällen ist es erforderlich, eine Kopie des Personalausweises beizufügen. Sie sind dort geschildert.

Ein solches Vorgehen führt nicht zu rechtlichen Nachteilen. Der Anspruch auf eine vollständige Auskunft bleibt trotzdem erhalten. Es kann also später noch Auskunft über alles verlangt werden, was nicht Gegenstand der Teilauskunft war.

Wie schnell ist Auskunft zu erteilen?

Die Auskunft muss innerhalb eines Monats nach Antragstellung dem Anfragenden zur Verfügung gestellt werden. Wenn die Auskunftserteilung komplex ist oder eine erhebliche Anzahl von Anfragen vorliegen, kann die Frist um zwei Monate verlängert werden. Den Grund für die Fristverlängerung muss der Verantwortliche dem Anfragenden aber jedenfalls innerhalb eines Monats mitteilen. Rechtsgrundlage: Art. 12 Abs. 3 DS-GVO.

Was muss die Auskunft enthalten?

Wenn der Verantwortliche keine personenbezogenen Daten des Antragstellers gespeichert hat, muss er ihm das mitteilen (siehe oben: Negativattest). Damit ist der Auskunftsanspruch dann erfüllt.

Sind dagegen personenbezogene Daten des Antragstellers vorhanden, muss die Auskunft zunächst die personenbezogenen Daten umfassen, über die der Verantwortliche verfügt. Er muss dabei auch alle Daten einbeziehen, die in Zweigstellen, bei Außendienstmitarbeitern oder auch bei Auftragsverarbeitern vorhanden sind, die er eingeschaltet hat. Ferner muss er über die Daten hinaus noch folgende weiteren Informationen mitteilen (siehe Art. 15 Abs. 1 Halbsatz 2 DS-GVO):

- Zweck der Verarbeitung
- Kategorien personenbezogener Daten

- Empfänger der Daten
- geplante Speicherdauer
- Hinweis auf sonstige Betroffenenrechte und Beschwerdemöglichkeit bei der Aufsichtsbehörde

Bei den „Kategorien personenbezogener Daten" ist zu beachten: Die Auskunft darf sich nicht darauf beschränken, nur die abstrakten Kategorien (Name, Anschrift, Ort usw.) zu benennen. Da die Auskunft auch die konkreten Daten des Antragstellers enthalten muss, ist vielmehr auch der konkrete Inhalt jeder Kategorie zu nennen, der vorhanden ist (Beispiel: „Max Mustermann, Hauptstraße 1, 12345 Berlin"). Nur auf der Basis dieser individuellen Informationen kann der Betroffene prüfen, ob die Daten richtig sind und die Auskunft vollständig ist.

Wie ist Auskunft zu erteilen?

Das Gesetz sagt, dass der Verantwortliche eine Kopie der personenbezogenen Daten, die Gegenstand der Verarbeitung sind, zur Verfügung stellen muss (Art. 15 Abs. 3 Satz 1 DS-GVO). „Kopie" bedeutet in diesem Zusammenhang nicht, dass der Verantwortliche eine „Fotokopie" zur Verfügung stellen muss. „Kopie" bedeutet hier vielmehr, dass alle vorhandenen personenbezogenen Daten ihrem Inhalt nach herauszugeben sind. Entscheidend ist also, dass keine Daten fehlen. Wie die Daten im Einzelnen dargestellt werden, ist dagegen nicht vorgeschrieben. So können etwa Daten auf Papier, die im Original über mehrere Blätter verteilt sind, auf einem einzigen Blatt zusammengefasst werden – jedenfalls solange sie dann immer noch gut lesbar sind.

Wer Auskunft verlangt, kann weitgehend bestimmen, auf welchem Weg er die Auskunft bekommt. Wer einen Brief schreibt, wird die Auskunft in Papierform bekommen, es sei denn, er hat sich ausdrücklich die elektronische Kommunikation (etwa per E-Mail) gewünscht (Art. 12 Abs. 1 Satz 2 DS-GVO). Wer per E-Mail Auskunft begehrt, hat einen Anspruch darauf, auch die Auskunft per E-Mail zu erhalten. Siehe dazu Art. 15 Abs. 3 Satz 3 DS-GVO: „*Stellt die betroffene Person den Antrag elektronisch, so sind die Informationen in einem gängigen elektronischen Format zur Verfügung zu stellen, sofern sie nichts Anderes angibt.*" Dabei ist allerdings Voraussetzung, dass die Identität ausreichend feststeht (siehe dazu oben). Für die elektronische Kommunikation hat der Verantwortliche eine ausreichende Sicherheit der Datenübermittlung zu gewährleisten, z. B. durch Verschlüsselung. Es steht dem Antragsteller frei, auf diese Sicherheit ausdrücklich zu verzichten. Zu empfehlen ist dies nicht. Einen etwaigen Verzicht sollte der Verantwortliche sorgfältig dokumentieren.

BEISPIEL

Ein Krankenhaus erhält per unverschlüsselter E-Mail ein konkretes Auskunftsbegehren mit folgendem Inhalt: „*Schicken Sie mir, Max Mustermann, bitte die Ergebnisse meiner letzten Blutuntersuchung.*" Das Krankenhaus darf hier nicht einfach auf „Antworten" drücken und den Befund als Anlage zur ungesicherten Antwortmail verschicken. Vielmehr ist ein Versand per Post geboten.

Allein aus der Tatsache, dass die Anfrage per ungesicherter E-Mail kam, darf nicht automatisch geschlossen werden, dass der Antragsteller auch die Antwort auf diesem unsicheren Kommunikationsweg erhalten möchte. Wenn er das tatsächlich will, muss er das ausdrücklich zum Ausdruck bringen, etwa durch einen entsprechenden Hinweis in seiner E-Mail (Beispiel: „*Bitte antworten Sie mir der Einfachheit halber einfach auf diese Mail und hängen Sie die Ergebnisse an Ihre Mail an.*").

Wenn in dem oben genannten Beispiel das Krankenhaus auf eine unverschlüsselte E-Mail (unverschlüsselt, d. h. nicht Ende-zu-Ende-verschlüsselt) antworten möchte, hat es die Möglichkeit, den Anfragenden auf die Risiken einer unverschlüsselten E-Mail-Kommunikation hinzuweisen und nachzufragen, ob er in Kenntnis dieser Risiken dennoch die Auskunft per E-Mail zugeschickt bekommen möchte. Wenn der Anfragende daraufhin antwortet und um die Zusendung der Auskunft mit unverschlüsselter E-Mail bittet, darf auch ein Krankenhaus diesen Kommunikationsweg für die Auskunftserteilung nutzen.

Keine Sicherheitsprobleme bestehen, wenn eine Mailverbindung mit Ende-zu-Ende-Verschlüsselung hergestellt werden kann. In der Praxis ist dies allerdings leider noch eher die Ausnahme.

Die Auskunft ist in einer transparenten, verständlichen und leicht zugänglichen Form zu erteilen (Art. 12 Abs. 1 Satz 1 DS-GVO). Daraus entsteht allerdings kein Anspruch auf Erläuterung des Inhalts.

BEISPIEL

Eine Auskunft über eine medizinische Behandlung ist auch dann ordnungsgemäß erteilt, wenn sie zahlreiche medizinische Fachbegriffe enthält, die ein Laie nicht versteht.

Kann die Auskunft verweigert werden?

Eine Auskunft darf nicht erteilt werden, wenn sie die Rechte einer anderen Person beeinträchtigen würde (Art. 15 Abs. 4 DS-GVO). Dies kann der Fall sein, wenn durch eine Auskunft Geschäftsgeheimnisse verraten würden. Ob eine solche Auskunftsverweigerung gerechtfertigt ist, kann in einem Verfahren vor dem zuständigen Zivilgericht geklärt werden.

Allein die Tatsache, dass auch Daten anderer Personen in einem Datenbestand enthalten sind, berechtigt noch nicht zu einer Verweigerung der Auskunft. Dies ist von praktischer Bedeutung, wenn die Herausgabe einer Mailkommunikation gefordert wird. Sie enthält regelmäßig auch die Daten anderer Personen. Hier müsste im Einzelfall begründet werden, warum eine Auskunft die Rechte dieser anderen Personen nicht nur berührt, sondern sie tatsächlich beeinträchtigt. In diesem Zusammenhang ist vieles noch rechtlich umstritten, wie folgendes Beispiel zeigt.

BEISPIEL

Jemandem ist gekündigt worden. Er weiß, dass der Kündigung eine umfangreiche Diskussion zwischen seinem Vorgesetzten und der Personalabteilung vorausgegangen ist. Er weiß auch, dass diese Diskussion recht vollständig in Mails dokumentiert ist, welche zwischen seinem Vorgesetzten und der Personalabteilung ausgetauscht wurden. Er verlangt Auskunft über diese Mails.

Es besteht kein Zweifel daran, dass es sich bei diesen Mails um personenbezogene Daten handelt, die den Antragsteller betreffen. Sie betreffen allerdings auch den Vorgesetzten und die entsprechenden Mitarbeiter der Personalabteilung. Es handelt sich deshalb auch um personenbezogene Daten dieser Personen. Ob es das Unternehmen dulden muss, auf dem Weg über den datenschutzrechtlichen Auskunftsanspruch „ausgespäht“ zu werden oder nicht, wird kontrovers diskutiert. Gerichtsentscheidungen, die sich mit der Frage befassen, sind noch nicht bekannt.

Was kostet die Auskunft?

Eine erste Kopie (im Sinne einer inhaltlich vollständigen Zusammenfassung der personenbezogenen Daten, um die es geht) muss der Verantwortliche immer kostenlos zur Verfügung stellen. Der Verantwortliche darf weder Bearbeitungskosten für den Auskunftsvorgang an sich noch Kosten für Druck oder Porto verlangen. Für „weitere Kopien“ der Daten hat er Anspruch auf ein „angemessenes Entgelt auf der Grundlage der Verwaltungskosten“ (Art. 15 Abs. 3 Sätze 1 und 2 DS-GVO). Denn solche weiteren Kopien könnte der Antragsteller auch selbst anfertigen. Den Aufwand, der ihm dabei entstünde, soll er nicht auf den Verantwortlichen abwälzen können.

Diese Regelung wirkt zunächst sehr klar. Sie lässt aber offen, wie zu verfahren ist, wenn der Antragsteller nach einer gewissen Zeit eine erneute Auskunft verlangt. Das kann aus seiner Sicht Sinn machen, weil sich Daten immer wieder ändern. Das Beispiel der SCHUFA bietet hier eine gute Faustregel. Sie geht davon aus, dass nach Ablauf eines Jahres erneut eine kostenlose Auskunft verlangt werden kann. Dieser Zeitraum erscheint angemessen. Gerichtliche Entscheidungen dazu gibt es aber noch nicht.

Zum Streit führt die Kostenfrage oft im Gesundheitsbereich, besonders bei Auskunftsverlangen gegenüber Krankenhäusern. Das liegt an einer Regelung im BGB, die eigentlich die Rechte von Patienten stärken sollte. § 630g Abs. 2 Satz 1 BGB legt fest, dass ein Patient „elektronische Abschriften“ (also Kopien) seiner Patientenakte verlangen kann. In Satz 2 dieser Regelung heißt es dann: *„Er hat dem Behandelnden die entstandenen Kosten zu erstatten.“* Daraus hat die Rechtsprechung in der Vergangenheit abgeleitet, dass je kopierte Seite bis zu 50 Cent zu zahlen sind. Über die Frage, ob diese Regelung neben der DS-GVO fortgilt, wird gestritten. Manche Krankenhausverbände argumentieren, die Kostenfreiheit gemäß DS-GVO gelte nur, wenn es dem Patienten ausdrücklich um Fragen des Datenschutzes gehe. Verfolge er andere Zwecke (etwa Schadensersatz für Behandlungsfehler), könne sich der Patient nicht auf die Kostenfreiheit der Auskunft nach DS-GVO berufen.

Dieser Ansatz überzeugt schon deshalb nicht, weil die DS-GVO keine entsprechende Einschränkung der Kostenfreiheit vorsieht. Außerdem enthält sie keine Pflicht des Antragstellers, seinen Auskunftsantrag zu begründen. Es spricht also alles dafür, dass § 630g BGB hier nicht mehr anwendbar ist (Grundsatz des Vorrangs von EU-Regelungen vor nationalen Regelungen). Oft lässt sich dem Streit in der Praxis aus dem Weg gehen, indem der Antragsteller nur die Kopien aus der oft umfangreichen Behandlungsakte verlangt, die er wirklich braucht. Außerdem sollte er sich ausdrücklich darauf berufen, dass er eine (kostenlose) Auskunft gemäß Art. 15 DS-GVO verlangt.

Was ist, wenn es nicht funktioniert?

Wenn ein Verantwortlicher eine ordnungsgemäß beantragte Auskunft gar nicht, nicht rechtzeitig oder inhaltlich ungenügend erteilt, kann ihn der Antragsteller beim zuständigen Zivilgericht auf Auskunft verklagen (siehe Art. 79 DS-GVO). Dabei trägt der Antragsteller allerdings das Kostenrisiko, sollte er den Prozess verlieren.

Denkbar ist auch, sich an die für den Verantwortlichen zuständige Aufsichtsbehörde zu wenden. Das ist im Zweifel die Aufsichtsbehörde, die örtlich für den Bereich zuständig ist, in dem der Verantwortliche seinen Sitz hat. Damit die Aufsichtsbehörde effektiv tätig werden kann, muss ihr die gesamte Kommunikation zur Verfügung gestellt werden. Bei der Frage, ob der Verantwortliche die Auskunft vollständig erteilt hat, kann eine Aufsichtsbehörde nur beschränkt helfen. Denn sie weiß nicht, welche Daten der Verantwortliche tatsächlich gespeichert hat. Der Antragsteller hat keinen Anspruch darauf, dass die Aufsichtsbehörde dies nachprüft. Er kann der Aufsichtsbehörde auch sonst keine bestimmten Ermittlungen vorschreiben.

Wenn ein Verantwortlicher gegen seine Pflicht verstößt, bei ordnungsgemäßer Antragstellung fristgerecht und vollständig Auskunft zu erteilen, kann die Aufsichtsbehörde dies mit einem Bußgeld sanktionieren (Art. 83 Abs. 5 Buchst. b DS-GVO). Ein Antragsteller hat aber keinen Anspruch darauf, dass ein Bußgeldverfahren eingeleitet und abgeschlossen wird.

4. Berichtigung, Löschung und Einschränkung der Verarbeitung

Ansprüche auf Berichtigung, Löschung oder Einschränkung der Verarbeitung (Art. 16 DS-GVO) machen betroffene Personen häufig nach einer vorausgegangenen Auskunft geltend, durch die die betroffene Person erfahren hat, welche Daten der Verantwortliche von ihr gespeichert hat.

a) Anspruch auf Berichtigung

Der Anspruch auf Berichtigung nach Art. 16 DS-GVO bezieht sich auf die Korrektur falscher Daten. Falsch können Daten sein, weil sie inhaltlich unrichtig sind

BEISPIEL

Statt richtig „Maier" ist unrichtig „Meier" gespeichert.

Falsch sind Daten aber auch, wenn sie in einem relevanten Zusammenhang nicht vollständig sind.

BEISPIEL

Einer Auskunftei, die die Bonität bewertet, wurde von einer Bank das Bestehen eines hohen Kredits mitgeteilt. Dieser Kredit wurde inzwischen vollständig und problemlos zurückbezahlt. Das teilt die Bank der Auskunftei aber nicht mit. Damit ist die Angabe über das Bestehen eines Kredits, die zunächst durchaus richtig war, unrichtig geworden.

Eine betroffene Person muss nicht besonders begründen, warum sie unrichtige Daten berichtigen lassen möchte. Wer aber behauptet, dass ein Verantwortlicher unrichtige Daten gespeichert hat, muss dies plausibel darlegen und gegebenenfalls auch beweisen können.

Kein Anspruch auf Berichtigung besteht für Daten, die Beurteilungen darstellen, sofern die Beurteilungen auf Daten (Tatsachen) basieren, die zutreffen.

BEISPIEL

Ein Psychologe erfragt bei einem Patienten Tatsachen und hält sie fest. Auf ihrer Grundlage erstellt er eine Diagnose und bejaht das Vorliegen einer bestimmten Krankheit. Dies hält er so fest. Es besteht dann kein Anspruch darauf, dass diese Schlussfolgerung berichtigt wird, wenn sie aus der Sicht des Antragstellers falsch ist.

Als Nachweis der Berichtigung kann der Verantwortliche dem Betroffenen die aktualisierten Daten mitteilen. Als Nachweis der Löschung unrichtiger Daten kann, da die gelöschten Daten natürlich nicht mehr vorhanden sind, lediglich eine Information darüber dienen, dass die Daten gelöscht wurden.

Muster 5: Antrag auf Berichtigung gemäß Art. 16 DS-GVO

Absender .... Datum ....

....

....

An

....

....

....

Antrag auf Berichtigung gemäß Art. 16 DS-GVO

Sehr geehrte Damen und Herren,

ich,

.... *(Name)*

.... *(Straße)*

.... *(PLZ und Ort)*

verlange hiermit, dass Sie die im Folgenden genannten, mich betreffenden personenbezogenen Daten unverzüglich berichtigen bzw. ergänzen:

Folgende Daten haben Sie von mir gespeichert:

.... *(Hier die fehlerhaften Daten benennen)*

Diese unrichtigen Daten sind wie folgt zu berichtigen, zu ergänzen oder zu löschen:

.... *(Hier möglichst die richtigen Daten benennen bzw. sagen, welche Daten zu löschen sind)*

Abschließend weise ich auf Folgendes hin: Sie sind gesetzlich dazu verpflichtet, mir unverzüglich, spätestens innerhalb eines Monats, mitzuteilen, welche Maßnahmen Sie in Bezug auf mein Berichtigungsverlangen ergriffen haben (Art. 12 Abs. 3 DS-GVO).

Mit freundlichen Grüßen

....

(Unterschrift)

b) Anspruch auf Löschung

Allgemeine Regelung

Einem Antrag auf Löschung nach Art. 17 DS-GVO ist zu folgen, wenn die weitere Speicherung der personenbezogenen Daten für die Erfüllung des ursprünglichen Zwecks nicht mehr erforderlich ist. Dasselbe gilt, wenn der Betroffene seine Einwilligung widerrufen hat und es neben der Einwilligung keine andere Rechtsgrundlage für die weitere Speicherung der Daten gibt. Auch wenn personenbezogene Daten unrechtmäßig, d. h. von Anfang an ohne Rechtsgrundlage erhoben und verarbeitet wurden, sind sie zu löschen.

Ein Antrag auf Löschung kann oder muss dagegen abgelehnt werden, wenn der Verantwortliche sich für die weitere Speicherung u. a. auf einen der folgenden Gründe berufen kann (oder muss):

- Ausübung des Rechts auf freie Meinungsäußerung und Information
- Erfüllen einer rechtlichen Verpflichtung (z. B. Aufbewahrungspflicht nach Handels- oder Steuerrecht)
- Gründe des öffentlichen Interesses im Bereich der öffentlichen Gesundheit
- Geltendmachung, Ausübung oder Verteidigung von Rechtsansprüchen

TIPP

Bevor man einen Anspruch auf Berichtigung und/oder Löschung personenbezogener Daten erhebt, sollte man zuvor seinen Auskunftsanspruch geltend gemacht und die entsprechende Auskunft bekommen haben. Erst auf dieser Grundlage lässt sich sinnvoll entscheiden, ob solche Ansprüche in Betracht kommen.

Bestandteil dieser Auskunft muss sein, für welche Zwecke die Verarbeitung, d. h. hier die weitere Speicherung erfolgt und von welcher Speicherdauer bzw. von welchen Kriterien für die weitere Speicherung der Verantwortliche ausgeht. Erst anhand dieser Informationen lässt sich abschätzen, wie groß die Chancen eines Antrags auf Löschung von Daten sind. Sie erleichtern außerdem die Begründung des Antrags etwa auf Löschung.

Besonderheiten im Werbebereich

Im Werbebereich stellen betroffene Personen häufig einen Antrag auf Löschung in der Erwartung, dass sie dann keine Werbung mehr zugeschickt bekommen. Würde ein Verantwortlicher einem solchen Löschantrag ohne weiteres nachkommen, wäre dies jedoch gerade nicht gewährleistet. Vielmehr könnte es dann sein, dass die betroffene Person trotzdem zu einem späteren Zeitpunkt – datenschutzrechtlich durchaus zulässig – von dem Verantwortlichen erneut Werbezusendungen erhält.

Dieses auf den ersten Blick überraschende Ergebnis erklärt sich so: Der Verantwortliche kauft irgendwann nach der Löschung der Anschrift des Betroffenen in datenschutzrechtlich zulässiger Weise von einem Adresshändler Adressen für Direktwerbung und nutzt sie für Zusendungen per Post. Dass der Betroffene das nicht möchte, kann der Verantwortliche jedoch gerade deshalb nicht mehr erkennen, weil er die Anschrift wunschgemäß vollständig gelöscht hat.

Wer von einem Verantwortlichen künftig keinerlei Werbung per Post mehr bekommen möchte, sollte deshalb lediglich der Verwendung seiner Anschrift für Werbung widersprechen und nicht die Löschung der Anschrift fordern. Siehe dazu auch 3. Kapitel Ziffer 5. Bei einem bloßen Widerspruch ist der Verantwortliche nämlich verpflichtet, eine „Sperrdatei" der „Werbeverweigerer" zu erstellen. Mit ihrer Hilfe muss er dann vor jeder Aussendung von Werbung sicherstellen, dass keinem dieser „Werbeverweigerer" persönlich adressierte Werbung per Post zugesandt wird.

Muster 6: Antrag auf Löschung gemäß Art. 17 DS-GVO

Absender .... Datum ....

....

....

An

....

....

....

Antrag auf Löschung gemäß Art. 17 DS-GVO

Sehr geehrte Damen und Herren,

ich,

.... *(Name)*

.... *(Straße)*

.... *(PLZ und Ort)*

verlange hiermit, dass Sie

- ❑ alle mich betreffenden personenbezogenen Daten, die Sie gespeichert haben, unverzüglich löschen.
- ❑ die folgenden genannten, mich betreffenden personenbezogenen Daten unverzüglich löschen:

  ....

Zur Begründung weise ich darauf hin, dass

- ❑ die personenbezogenen Daten für die Zwecke, für die sie erhoben oder auf sonstige Weise verarbeitet wurden, nicht (oder nicht mehr) notwendig sind,
- ❑ ich die Einwilligung, auf die sich die Verarbeitung gemäß Art. 6 Abs. 1 Buchstabe a oder Art. 9 Abs. 2 Buchstabe a DS-GVO stützte, widerrufen habe und eine anderweitige Rechtsgrundlage für Ihre Verarbeitung fehlt,
- ❑ ich gemäß Art. 21 Abs. 1 DS-GVO Widerspruch gegen die Verarbeitung eingelegt habe und keine vorrangigen berechtigten Gründe für Ihre Verarbeitung vorliegen,
- ❑ ich gemäß Art. 21 Abs. 2 DS-GVO Widerspruch gegen die Verarbeitung eingelegt habe,
- ❑ die mich betreffenden personenbezogenen Daten unrechtmäßig verarbeitet werden bzw.
- ❑ die Löschung der personenbezogenen Daten zur Erfüllung einer rechtlichen Verpflichtung nach dem Unionsrecht oder dem Recht der Mitgliedstaaten, dem Sie unterliegen, erforderlich ist.

(Zutreffendes ankreuzen)

Ich weise Sie noch auf Folgendes hin: Falls Sie die personenbezogenen Daten, die zu löschen sind, veröffentlicht haben, müssen Sie angemessene Maßnahmen treffen, um die für die (weitere) Datenverarbeitung Verantwortlichen darüber zu informieren, dass ich die Löschung aller Links zu diesen Daten oder von Kopien oder Replikationen dieser Daten verlangt habe (siehe Art. 17 Abs. 2 DS-GVO).

Sollten Sie meinem Löschbegehren nicht oder nicht vollständig Rechnung tragen wollen, fordere ich Sie hiermit gemäß Art. 17 Abs. 3 DS-GVO auf, mir Ihre Gründe hierfür konkret mitzuteilen.

Abschließend weise ich auf Folgendes hin: Sie sind gesetzlich dazu verpflichtet, mir unverzüglich, spätestens jedoch innerhalb eines Monats mitzuteilen, welche Maßnahmen Sie in Bezug auf mein Löschbegehren ergriffen haben (siehe Art. 12 Abs. 3 DS-GVO).

Mit freundlichen Grüßen

………………………………

(Unterschrift)

c) Anspruch auf Einschränkung der Verarbeitung

Gibt es einen Streit darüber, ob die Daten richtig oder unrichtig sind, hat die betroffene Person gemäß Art. 18 DS-GVO einen Anspruch auf Einschränkung der Verarbeitung. Der Verantwortliche darf die Daten dann zwar noch speichern, aber nicht mehr in sonstiger Art und Weise verarbeiten, also beispielsweise nicht mehr einem Dritten übermitteln und sie auch nicht mehr für Werbezwecke nutzen.

BEISPIEL

Eine Auskunftei gibt über Herrn Kurt Schmidt an eine Bank die Auskunft, dass er den sogenannten „Offenbarungseid“ abgegeben habe. Mit diesem inzwischen veralteten Begriff ist die eidesstattliche Versicherung gemäß § 802c ZPO gemeint, durch die ein Schuldner gegenüber dem Gerichtsvollzieher versichert, dass er die Auskunft über sein vorhandenes Vermögen richtig und vollständig abgegeben hat.

Herr Schmidt ist entsetzt. Dasselbe ist ihm nämlich kürzlich schon einmal passiert. Hintergrund war eine Verwechslung mit einem Herrn gleichen Namens, der früher einmal ebenfalls in dem Wohnblock gewohnt hat, in dem Herr Schmidt seine Wohnung hat.

Herr Schmidt wendet sich an die Auskunftei und trägt diesen Sachverhalt vor. Er verlangt von der Auskunftei, die Verarbeitung einzuschränken, bis der Sachverhalt überprüft ist. Darauf hat er einen Anspruch (Fall des Art. 18 Abs. 1 Buchstabe a DS-GVO). „Einschränkung“ bedeutet dabei konkret, dass die Auskunftei die Daten nicht mehr weitergeben darf, bis sie die Richtigkeit der Daten festgestellt hat.

Wichtig dabei: Es würde nicht genügen, dass Herr Schmidt die Richtigkeit der Daten in allgemeiner Form bestreitet. Vielmehr muss er darlegen, warum sie seines Erachtens nicht stimmen können. Dazu gehört im Beispiel mindestens, dass er angibt, nie eine eidesstattliche Versicherung der beschriebenen Art abgegeben zu haben. Da es bereits einmal zu einer Verwechslung gekommen ist, sollte er außerdem auch dies angeben und entsprechende Unterlagen vorlegen.

Muster 7: Antrag auf Einschränkung der Verarbeitung gemäß Art. 18 DS-GVO

Absender .... Datum ....

....

....

An

....

....

....

Antrag auf Einschränkung der Verarbeitung gemäß Art. 18 DS-GVO

Sehr geehrte Damen und Herren,

ich,

.... *(Name)*

.... *(Straße)*

.... *(PLZ und Ort)*

fordere Sie hiermit auf, die Verarbeitung folgender personenbezogener Daten von mir einzuschränken:

....

(Hier die konkreten Daten angeben)

Zur Begründung weise ich darauf hin, dass

- ❑ die oben genannten Daten nicht richtig sind, weil ....
- ❑ die Verarbeitung unrechtmäßig ist, weil ....
- ❑ Sie die personenbezogenen Daten für Ihre Zwecke der Verarbeitung zwar nicht länger benötigen, ich sie jedoch zur Geltendmachung, Ausübung oder Verteidigung von Rechtsansprüchen benötige, weil

  ....
- ❑ ich Widerspruch gegen die Verarbeitung gemäß Art. 21 DS-GVO eingelegt habe.

(Zutreffendes ankreuzen und Begründung einfügen)

Ich bitte Sie, mir unverzüglich zu bestätigen, dass Sie die Verarbeitung meiner oben genannten personenbezogenen Daten wie beantragt vorübergehend einschränken.

Mit freundlichen Grüßen

....

(Unterschrift)

5. Recht auf Datenübertragbarkeit

Dieses in Art. 20 DS-GVO beschriebene Recht wurde mit der DS-GVO völlig neu geschaffen. Ein Vorbild im früheren Datenschutzrecht gab es dafür nicht. Das führt zu relativ vielen Zweifelsfragen, deren Lösung umstritten ist. Dies sollten Sie bedenken, wenn Sie dieses Recht geltend machen.

Im Kern geht es um Folgendes:

- Sie haben einem Verantwortlichen (Verantwortlicher Nr. 1) eigene personenbezogene Daten zur Verfügung gestellt.
- Nun möchten Sie, dass ein anderer Verantwortlicher (Verantwortlicher Nr. 2) genau diese Daten erhält.
- Dabei sind zwei Varianten für die Übertragung der Daten denkbar:
- Variante 1: Sie möchten, dass Verantwortlicher Nr. 1 die Daten auf Ihre Veranlassung direkt an den Verantwortlichen Nr. 2 überträgt.
- Variante 2: Sie möchten, dass Verantwortlicher Nr. 1 die Daten an Sie überträgt. Denn Sie möchten die Daten dann selbst an den Verantwortlichen Nr. 2 weiter übertragen.
- Sie haben das Recht, dass Verantwortlicher Nr. 1 Ihren Wunsch in der von Ihnen gewählten Variante erfüllt und dass er die Daten entsprechend zur Verfügung stellt.
- Den Verantwortlichen Nr. 2 können Sie allerdings nicht dazu zwingen, dass er die Daten auch annimmt.

BEISPIELE

- Sie verfügen in einem sozialen Netzwerk über relativ umfangreiche Profildaten. Jetzt möchten Sie, dass diese Profildaten an ein anderes soziales Netzwerk übertragen werden. Grund ist, dass Sie das Netzwerk wechseln wollen.
- Sie haben Speicherplatz in einer Cloud angemietet und speichern dort zahlreiche persönliche Fotos. Jetzt möchten Sie, dass diese Fotos an einen anderen Cloud-Anbieter übertragen werden.

Wichtiger Vorteil für Sie: Die Übertragung muss unentgeltlich erfolgen (Art. 12 Abs. 5 Satz 1 DS-GVO).

Man kann die Frage aufwerfen, was dieses Recht mit Datenschutz zu tun hat. Erwägungsgrund 68 Satz 1 zur DS-GVO behauptet sehr pauschal, das Recht solle der betroffenen Person „eine bessere Kontrolle über die eigenen Daten" geben. Viele Juristen vertreten jedoch die Auffassung, es gehe eher darum, den Wettbewerb etwa zwischen den Anbietern sozialer Netzwerke zu fördern. Denn das Recht auf Datenübertragbarkeit könne einen Wechsel des Anbieters erleichtern.

Ihnen als betroffene Person kann der Streit um diese Frage weitgehend gleichgültig sein. Wichtig ist jedoch: Sie haben das Recht auf Datenübertragbarkeit nur, wenn es um die Übertragung Ihrer eigenen personenbezogenen Daten geht. Beachten Sie zum Begriff der personenbezogenen Daten Definition 1.

Das Recht erstreckt sich nicht auf die Übertragung von Daten ohne Personenbezug. Häufig wird hier folgendes Beispiel aufgeführt:

BEISPIEL

Sie haben bei einem Cloud-Anbieter E-Books gespeichert. Jetzt möchten Sie diese Bücher bei einem anderen Anbieter speichern. Das fällt nicht unter das Recht auf Datenübertragbarkeit! Denn solchen Büchern fehlt der Bezug zu Ihrer Person. Sie enthalten keine personenbezogenen Daten von Ihnen.

Das Recht erstreckt sich außerdem nur auf Ihre eigenen personenbezogenen Daten. Praktische Konsequenz: Es gibt kein Recht auf die Übertragung von Chat-Verläufen. Wenn Sie mit einer anderen Person chatten, enthält der Chat nicht nur personenbezogene Daten von Ihnen, sondern auch personenbezogene Daten ihres Chat-Partners. Auf eine Übertragung seiner personenbezogenen Daten gibt Ihnen das Recht auf Datenübertragbarkeit jedoch keinen Anspruch.

Das Recht erfasst ausdrücklich nur Daten, die mithilfe automatisierter Verfahren verarbeitet werden (siehe Art. 20 Abs. 1 Buchstabe b DS-GVO). Für Daten auf Papier gilt es also nicht.

Schließlich gilt das Recht nur für Daten, die Sie einem Verantwortlichen „bereitgestellt" haben (so Art. 20 Abs. 1 Satz 1 DS-GVO). Anders formuliert: Daten, die ein Verantwortlicher aus anderen Quellen über Sie erhalten hat, fallen nicht darunter.

BEISPIEL

Der Verantwortliche hat über Sie im Internet recherchiert und dort Daten über Sie gefunden. Diese Daten haben Sie nicht bereitgestellt.

Ebenso gilt das Recht nicht für neue Daten, die der Verantwortliche durch die Verarbeitung der Daten gewonnen hat, die Sie bereitgestellt haben.

BEISPIEL

Sie haben bei einem Internetanbieter viele Bestellungen durchgeführt. Mit Hilfe dieser Daten erstellt der Anbieter ein Profil Ihrer Interessen. Diese Daten haben Sie nicht bereitgestellt. Zu diesem Beispiel muss man allerdings sagen, dass manche Juristen das anders sehen. Sie gehen davon aus, dass auch solche „abgeleiteten Daten" als bereitgestellt anzusehen sind. Rechtsprechung dazu gibt es noch nicht.

Insgesamt gesehen ist die Reichweite des Rechts auf Datenübertragbarkeit also weitaus geringer als es zunächst scheint. Es verwundert daher nicht, dass es in der Praxis bisher kaum eine Rolle spielt.

Muster 8: Antrag auf Übertragung der Daten gemäß Art. 20 DS-GVO

Absender .... Datum ....

....

....

An

....

....

....

Antrag auf Übertragung von Daten gemäß Art. 20 DS-GVO

Sehr geehrte Damen und Herren,

ich,

.... *(Name)*

.... *(Straße)*

.... *(PLZ und Ort)*

fordere Sie hiermit auf, dass Sie

alle mich betreffenden personenbezogenen Daten, die ich Ihnen bereitgestellt habe,

❑ mir

❑ folgender Stelle ....
(Hier den gewünschten Empfänger eintragen)

(Zutreffendes ankreuzen)

in einem strukturierten, gängigen und maschinenlesbaren Format zur Verfügung stellen.

Abschließend weise ich auf Folgendes hin: Sie sind gesetzlich dazu verpflichtet, mir unverzüglich, spätestens jedoch innerhalb eines Monats, mitzuteilen, welche Maßnahmen Sie in Bezug auf mein Begehren auf Datenübertragung ergriffen haben (Art. 12 Abs. 3 DS-GVO).

Mit freundlichen Grüßen

....

(Unterschrift)

6. Widerspruch gegen die Verarbeitung

Art. 21 DS-GVO enthält umfangreiche Regelungen zum Recht auf Widerspruch gegen die Verarbeitung von personenbezogenen Daten. Dabei geht es um ganz verschiedene Fälle mit ganz unterschiedlichen Voraussetzungen. Sie sollten deshalb genau unterschieden werden. An dieser Stelle behandeln wir nur das Recht auf Widerspruch gegen die Verarbeitung für Zwecke der Direktwerbung. Zum Recht auf Widerspruch in anderen Zusammenhängen siehe das 8. Kapitel!

Mit Direktwerbung ist gemeint, dass Werbung persönlich (namentlich) adressiert ist. Im Gegensatz dazu steht Werbung, die ohne persönliche Adressierung in den Briefkasten geworfen wird. Gegen eine Verarbeitung von personenbezogenen Daten für Zwecke der Direktwerbung kann jede betroffene Person Widerspruch einlegen.

Ein solcher Widerspruch ist nicht an besondere Voraussetzungen gebunden. Es genügt, dass die betroffene Person diese Art der Verarbeitung ablehnt. Die betroffene Person hat das Recht, jederzeit Widerspruch gegen die Verarbeitung von Daten zum Zweck der Direktwerbung einzulegen (Art. 21 Abs. 2 DS-GVO). Dazu genügt eine Erklärung in beliebiger Form gegenüber dem Verantwortlichen.

Der Widerspruch hat zur Folge, dass der Verantwortliche die Daten nicht mehr für Zwecke der Direktwerbung verarbeiten darf (Art. 21 Abs. 3 DS-GVO). Ausnahmen davon sind nicht vorgesehen. Insofern hat die betroffene Person im Bereich der Direktwerbung ein sehr umfassendes Selbstbestimmungsrecht hinsichtlich ihrer Daten.

Muster 9: Widerspruch gemäß Art. 21 DS-GVO gegen die Datenverarbeitung auf der Basis einer Interessenabwägung

Absender .... Datum ....

....

....

An

....

....

....

Widerspruch gegen die Verarbeitung auf der Basis einer Interessenabwägung (Art. 6 Abs. 1 Satz 1 Buchstabe f DS-GVO) gemäß Art. 21 DS-GVO

Sehr geehrte Damen und Herren,

ich,

.... *(Name)*

.... *(Straße)*

.... *(PLZ und Ort)*

widerspreche hiermit einer Verarbeitung der mich betreffenden personenbezogenen Daten, soweit Sie sich zur Rechtfertigung ihrer Verarbeitung auf Art. 6 Abs. 1 Satz 1 Buchstabe f DS-GVO berufen. Zur Begründung weise ich darauf hin, dass Sie meine im Folgenden beschriebene besondere Situation dabei nicht oder nicht angemessen berücksichtigt haben:

....

(Hier die besonderen Umstände beschreiben, die nach Ihrer Auffassung nicht oder nicht angemessen berücksichtigt wurden)

Abschließend weise ich auf Folgendes hin: Sie sind gesetzlich dazu verpflichtet, mir unverzüglich, spätestens jedoch innerhalb eines Monats, mitzuteilen, welche Maßnahmen Sie in Bezug auf meinen Widerspruch ergriffen haben (Art. 12 Abs. 3 DS-GVO).

Mit freundlichen Grüßen

....

(Unterschrift)

7. Recht, keiner ausschließlich automatisierten Entscheidung unterworfen zu werden

Eine betroffene Person hat das Recht, „nicht einer ausschließlich auf einer automatisierten Verarbeitung – einschließlich Profiling – beruhenden Entscheidung unterworfen zu werden, die einer betroffenen Person gegenüber rechtliche Wirkung entfaltet oder sie in ähnlicher Weise erheblich beeinträchtigt". So formuliert es Art. 22 DS-GVO in schwer verständlicher Weise. Dieses Recht steht zwar in Kapitel III der DS-GVO, das mit „Rechte der betroffenen Person" überschrieben ist. Dennoch ist es kein wirkliches Betroffenenrecht. Das hat folgenden Hintergrund:

- Die oben beschriebenen „wirklichen" Betroffenenrechte, wie das Recht auf Auskunft, auf Berichtigung, Löschung usw. sind Rechte, die eine betroffene Person aktiv geltend machen muss.
- Ohne entsprechenden Antrag passiert nichts. Dass jeder Verantwortliche sich darauf vorbereitet haben muss, auf die Geltendmachung dieser Rechte schnell reagieren zu können, bleibt davon unberührt. Das Vorhandensein dieser Fähigkeit ist nämlich lediglich gegenüber der Aufsichtsbehörde nachzuweisen, nicht gegenüber der betroffenen Person.
- Das Recht, kurz gesagt, bei Entscheidungen nicht ausschließlich einem Algorithmus unterworfen zu sein, ist dagegen kein Recht, das betroffene Personen im Einzelfall geltend machen müssen. Vielmehr stellt es eine Verpflichtung des Verantwortlichen dar, die er unaufgefordert permanent erfüllen muss. Ein aktives Handeln der betroffenen Person ist dafür nicht notwendig.

Aber was bedeutet die komplizierte Formulierung des Art. 22 DS-GVO im Detail?

Betroffene Personen sollen davor geschützt sein, dass eine Software ohne jede Mitwirkung eines Menschen eine rechtlich relevante Entscheidung trifft. So der Grundsatz.

BEISPIEL

Sie sind schwer nierenkrank und warten auf eine Spenderniere. Hier darf nicht allein eine Software darüber entscheiden, ob und wann Sie eine Spenderniere bekommen. Vielmehr muss hier ein Arzt die abschließende Entscheidung treffen. Dabei kann er zwar einen „Vorschlag des Computers" nutzen, doch darf er diesen Vorschlag nicht einfach ungeprüft übernehmen.

Freilich gibt es von diesem Grundsatz Ausnahmen, die durchaus bedeutsam sind. Sie betreffen Fälle, in denen

- der Verantwortliche und die betroffene Person ein solches Vorgehen vertraglich verabredet haben,
- es eine entsprechende europäische oder nationale Rechtsvorschrift gibt, die ein solches Vorgehen erlaubt oder
- die betroffene Person eingewilligt hat.

Öfter als man zunächst vermutet sind automatisierte Entscheidungen vertraglich vereinbart.

BEISPIEL

Unternehmen gehen bei Geschäften mit Verbrauchern oft ein wirtschaftliches Risiko ein. Beispiele hierfür sind Ratenkäufe, Vermietungen, Gewährung von Krediten, Kauf auf Rechnung. In solchen Fällen haben die Unternehmen ein berechtigtes Interesse daran, sich vorab über die Bonität des potentiellen Vertragspartners zu informieren. Dies geschieht in aller Regel durch eine automatisierte Abfrage bei einer Auskunftei, ohne dass dabei ein Mensch mitwirkt. Dass so vorgegangen werden darf, vereinbaren Unternehmen und Verbraucher bei den Vertragsverhandlungen.

Erfolgt eine automatisierte Entscheidung auf der Basis eines Vertrages oder einer Einwilligung, muss der Verantwortliche Schutzmaßnahmen für die betroffenen Personen vorsehen. Dazu gehört, dass jede betroffene Person das Recht hat, ihre Auffassung zu der automatisierten Entscheidung gegenüber dem Verantwortlichen darzulegen. Dabei hat sie ein Recht darauf, dass auf Seiten des Verantwortlichen ein Mensch die Entscheidung nochmals überprüft. Ist sie mit dem Ergebnis nicht einverstanden, kann die betroffene Person die Entscheidung anfechten, und zwar auch vor Gericht.

Noch keine Gerichtsentscheidungen gibt es zur Frage, ob eine betroffene Person wirksam darin einwilligen kann, dass eine Entscheidung über sie ausschließlich automatisiert erfolgt. Grundsätzlich ist eine Einwilligung nur wirksam, wenn der Verantwortliche die betroffene Person zunächst vollständig und transparent darüber informiert, was er mit den Daten der betroffenen Person zu tun beabsichtigt und die betroffene Person dann auf dieser Basis ausdrücklich eingewilligt hat (so Art. 7 DS-GVO). Würde man diesen Maßstab strikt anwenden, müsste der Verantwortliche gegenüber der betroffenen Person offenlegen, wie die verwendete Software bzw. der Algorithmus im Detail funktioniert. Das wird der Verantwortliche jedoch als sein Geschäftsgeheimnis ansehen.

TIPP

Wenn Sie das Gefühl haben, dass „der Computer" eine unrichtige Entscheidung getroffen hat, die für Sie rechtlich relevant ist, teilen Sie dies dem Verantwortlichen mit. Begründen Sie dabei kurz, worauf Sie Ihren Eindruck stützen. Weisen Sie ihn ausdrücklich darauf hin, dass Sie Ihr „Recht auf Erwirkung des Eingreifens einer Person seitens des Verantwortlichen" (so die Formulierung in Art. 23 Abs. 3 DS-GVO) geltend machen.

Einen Anspruch darauf, dass im Ergebnis eine andere Entscheidung getroffen wird, haben Sie dabei nicht. Sie können – nur, aber immerhin – verlangen, dass ein Mensch die Entscheidung nochmals prüft und dass der Verantwortliche Ihnen das Ergebnis der Überprüfung mitteilt.

4. Kapitel. Der Datenschutzbeauftragte als Ihr Ansprechpartner

Welches Recht haben Sie?

Ein Betroffener kann sich jederzeit an den Datenschutzbeauftragten wenden, der bei einem Verantwortlichen oder einem Auftragsverarbeiter vorhanden ist: *„Betroffene Personen können den Datenschutzbeauftragten zu allen mit der Verarbeitung ihrer personenbezogenen Daten und mit der Wahrnehmung ihrer Rechte gemäß dieser Verordnung im Zusammenhang stehenden Fragen zu Rate ziehen."* (Art. 38 Abs. 4 DS-GVO). Zu den Begriffen des Verantwortlichen lesen Sie bitte Definition 3, zum Begriff des Auftragsverarbeiters Definition 4. Beiden ist gemeinsam, dass sie personenbezogene Daten verarbeiten.

Was ist der Unterschied zur staatlichen Datenschutzaufsicht?

Der Datenschutzbeauftragte in diesem Sinn wird in der Praxis meist als „betrieblicher Datenschutzbeauftragter" bezeichnet, wenn er in einem Unternehmen benannt ist. In Behörden ist die Bezeichnung „behördlicher Datenschutzbeauftragter" üblich. Die DS-GVO verwendet beide Begriffe nicht, sondern spricht vom „Datenschutzbeauftragten".

Bitte verwechseln Sie ihn nicht mit der staatlichen Aufsichtsbehörde für den Datenschutz. Sie trägt in vielen Bundesländern die Bezeichnung „Landesbeauftragte für den Datenschutz". Wir behandeln sie im 5. Kapitel. Im Unterschied zum Datenschutzbeauftragten, von dem in diesem Kapitel die Rede ist, hat die staatliche Aufsichtsbehörde Anordnungs- und Eingriffsbefugnisse. Beim Datenschutzbeauftragten in Unternehmen und Behörden ist das nicht der Fall.

Aus der Sicht des Betroffenen bietet die Einschaltung des Datenschutzbeauftragten eine zusätzliche Möglichkeit neben der Einschaltung der Aufsichtsbehörde für den Datenschutz (siehe dazu 5. Kapitel). Sie können daher auch beide Stellen gleichzeitig mit demselben Sachverhalt befassen. In diesem Fall ist zu empfehlen, dass Sie beide Stellen darauf ausdrücklich hinweisen. Verpflichtet sind Sie dazu zwar nicht. Sie vermeiden so jedoch Unsicherheiten darüber, ob es bei beiden Kontaktaufnahmen um denselben Sachverhalt geht. Solche Unsicherheiten können die Bearbeitung verzögern.

Wie finden Sie den Datenschutzbeauftragten?

Die Kontaktdaten des Datenschutzbeauftragten finden Sie am leichtesten auf der Internetseite des Verantwortlichen oder des Auftragsverarbeiters, die Ihre Daten verarbeiten. Eine bestimmte Stelle auf der Internetseite ist dafür nicht vorgeschrieben. Oft sind die Kontaktdaten in einer Datenschutzerklärung enthalten oder unter einer eigenen Rubrik „Datenschutz".

Die Kontaktdaten des Datenschutzbeauftragten müssen veröffentlicht sein (Art. 37 Abs. 7 DS-GVO). Das bedeutet jedoch nicht, dass dabei auch sein Name genannt werden muss. Eine E-Mail-Adresse in der Form Datenschutz@Unternehmen.de genügt also. Viele Unternehmen und Behörden haben sich jedoch dafür entschieden, den Namen des Datenschutzbeauftragten zu nennen.

Die Kontaktdaten des Datenschutzbeauftragten müssen auch in den Informationen enthalten sein, die Sie erhalten, wenn Ihre Daten erhoben werden (siehe Art. 13 Abs. 1 Buchstabe b DS-GVO und Art. 14 Abs. 1 Buchstabe b DS-GVO). Entsprechende Informationsblätter gehen Ihnen oft mit der Post zu, etwa von Versicherungen. Sie sollten sie daher nicht einfach wegwerfen.

Wann gibt es keinen Datenschutzbeauftragten?

Auf manchen Webseiten findet sich kein Datenschutzbeauftragter. Das kann durchaus seine Richtigkeit haben. Meist liegt es daran, dass im konkreten Fall kein Datenschutzbeauftragter benannt werden muss. Nicht alle Verantwortlichen und Auftragsverarbeiter sind verpflichtet, einen Datenschutzbeauftragten zu benennen. Lediglich Behörden und öffentliche Stellen müssen ausnahmslos über einen Datenschutzbeauftragten verfügen (Art. 37 Abs. 1 Buchstabe a DS-GVO). Ansonsten hängt diese Pflicht davon ab, worin die Kerntätigkeit eines Verantwortlichen oder Auftragsverarbeiters besteht (siehe dazu Art. 37 Abs. 1 Buchstaben b und c DS-GVO). Als zweites Kriterium kann eine Rolle spielen, wie viele Personen ständig mit der Verarbeitung von personenbezogenen Daten beschäftigt sind (§ 38 BDSG). Die Einzelheiten sind kompliziert. Wenn Sie weitere Hintergründe erfahren wollen, können Sie auf das 7. Kapitel der Broschüre „Erste Hilfe zur DS-GVO" zurückgreifen.

Können Sie sich auf Verschwiegenheit verlassen?

Es muss sichergestellt sein, dass Anfragen den Datenschutzbeauftragten persönlich erreichen und zwar so, dass keine andere Person davon Kenntnis nehmen kann. Anfragen muss der Datenschutzbeauftragte vertraulich behandeln. Seine Pflicht zur Verschwiegenheit bezieht sich zum einen auf die Identität der betroffenen Person, zum anderen auf alle Umstände, die Rückschlüsse auf die betroffene Person zulassen (§ 38 Abs. 2 BDSG in Verbindung mit § 6 Abs. 5 Satz 2 BDSG). Diese Verschwiegenheitspflicht ergibt sich schon aus dem Gesetz. Sie gilt also unabhängig davon, ob ein Betroffener sich bei einer Anfrage ausdrücklich darauf beruft.

Wann ist eine Kontaktaufnahme sinnvoll?

Der Datenschutzbeauftragte ist vor allem dann eine geeignete Adresse, wenn Sie sich über konkrete Dinge beschweren wollen. Denkbar wäre etwa eine Beschwerde darüber, dass mit Ihren Daten möglicherweise rechtswidrig umgegangen wird. Der Datenschutzbeauftragte muss einer solchen Beschwerde nachgehen und Sie über das Ergebnis informieren. Ausführlich begründen muss er das Ergebnis allerdings nicht. Auch sollte man bedenken, dass er nicht die Befugnis hat, bestimmte Maßnahmen anzuordnen.

Wenn Sie Ihre Rechte als Betroffener geltend machen wollen (etwa Ihr Auskunftsrecht), ist der Datenschutzbeauftragte genau genommen nicht die richtige Adresse. Richtiger Adressat ist hier der Verantwortliche (also beispielsweise das Unternehmen, das Ihre Daten verarbeitet). Der Datenschutzbeauftragte kann aber Auskunft dazu geben, wo sich die richtige Anlaufstelle befindet. Eine derartige Beratung gehört ausdrücklich zu seinen Aufgaben (Art. 38 Abs. 4 DS-GVO).

Worauf sollten Sie bei einer Kontaktaufnahme achten?

Schildern Sie den Sachverhalt möglichst konkret und fügen Sie wenn möglich Dokumente bei. Dies beschleunigt die Recherche durch den Datenschutzbeauftragten und trägt dazu bei, dass Sie auch eine konkrete Antwort erhalten.

Bei vertraulichen Sachverhalten sollten Sie am besten den Weg der schriftlichen Kontaktaufnahme wählen. Eine E-Mail mag geringfügig schneller gehen und auch kein Porto kosten. Ohne Ende-zu-Ende-Verschlüsselung ist eine E-Mail für die Mitteilung vertraulicher Sachverhalte jedoch nicht geeignet.

5. Kapitel. Aufsichtsbehörden – Was können Sie von ihnen erwarten?

Notwendigkeit eines einheitlichen Vorgehens in Europa

Den Aufsichtsbehörden kommt bei der Durchsetzung der DS-GVO eine ganz erhebliche Bedeutung zu. Das ergibt sich rein äußerlich schon daraus, dass sich mehr als ein Viertel aller 99 Artikel der DS-GVO mit den Rechten und Pflichten der Aufsichtsbehörden befasst. Die Erfüllung dieser Aufgabe ist für die Aufsichtsbehörden nicht einfach. Denn die DS-GVO soll die Grundlage für den Datenschutz in ganz Europa sein, genauer: in allen Mitgliedstaaten der EU und in den Staaten des Europäischen Wirtschaftsraums (EWR), also in Island, Norwegen und Liechtenstein. Dabei sollen alle Aufsichtsbehörden die DS-GVO in gleicher Weise vollziehen. Die dafür notwendige Abstimmung zwischen den Aufsichtsbehörden erfordert Zeit. Das beschränkt die Möglichkeit der Aufsichtsbehörden, schnelle und zugleich klare Antworten auf Anfragen und Beschwerden zu geben.

Für Sie kann das bedeuten, dass Aufsichtsbehörden bei einer Anfrage oder im Rahmen einer Beratung – zumindest zunächst – in manchen Fällen keine klare Aussage treffen, sondern darauf verweisen, dass sie erst ein gemeinsames Verständnis mit anderen Aufsichtsbehörden herstellen müssen.

Ihr Recht auf Unterstützung durch die Aufsichtsbehörden

Nach der DS-GVO können Sie sich mit einer

- Anfrage zu den Betroffenenrechten,
- einer Beschwerde,
- einer Anregung oder
- über ein Gericht mit einer Klage

im Prinzip an eine beliebige Aufsichtsbehörde wenden.

Das Handeln der Aufsichtsbehörden ist für betroffene Personen für alle im Folgenden beschriebenen Konstellationen kostenlos.

1. Beratung

Die DS-GVO verpflichtet die Aufsichtsbehörden, jeder betroffenen Person auf Anfrage Informationen über die Ausübung ihrer Rechte aufgrund dieser Verordnung zur Verfügung zu stellen. Zu diesem Zweck haben sie mit den Aufsichtsbehörden in den anderen Mitgliedstaaten zusammenzuarbeiten. Diese Verpflichtung bezieht sich nur darauf, die betroffenen Personen zu informieren, welche Rechte sie haben, aber nicht, ob die Geltendmachung dieser Rechte Erfolg haben dürfte.

Diese Verpflichtung bedeutet also nicht, dass eine Aufsichtsbehörde in jedem konkreten Einzelfall den vorgelegten Sachverhalt prüfen und die Erfolgsaussichten für die Geltendmachung eines der im 2. Kapitel beschriebenen Betroffenenrechte prüfen muss. Sie ist vielmehr schon dadurch erfüllt, dass die Aufsichtsbehörde entsprechende allgemeine Informationen auf ihrer Homepage bereitstellt. Die Mehrheit der deutschen Aufsichtsbehörden vertritt die Auffassung, dass eine Pflicht zur Beratung sowohl der Verantwortlichen als auch der betroffenen Personen nicht besteht. Manche Aufsichtsbehörden meinen sogar, dass ihnen eine Beratung durch die DS-GVO verboten sei. Andere Aufsichtsbehörden sehen Beratung als zulässige Tätigkeit an und leisten sie im Rahmen ihrer personellen Möglichkeiten. Eine Nachfrage bei Ihrer Aufsichtsbehörde wird sehr schnell Klarheit darüber schaffen, welcher Ansicht sie folgt.

2. Beschwerde

Sie haben – unabhängig von allen sonstigen Rechtsschutzmöglichkeiten – ein Recht auf Beschwerde bei einer Aufsichtsbehörde, wenn Sie der Ansicht sind, dass durch eine Verarbeitung Ihrer personenbezogenen Daten die DS-GVO verletzt wird (Art. 57 Abs. 1 Buchst. f DS-GVO).

DEFINITION 5:

Eine (**Datenschutz-)Beschwerde** ist jede plausible Mitteilung eines Beschwerdeführers an eine Aufsichtsbehörde, dass eine bestimmte Stelle (Verantwortlicher) durch eine konkret benannte Handlung unzulässig mit seinen personenbezogenen Daten umgegangen ist oder noch umgeht.

Die Beschwerde kann von einer natürlichen (betroffenen) Person oder in deren Auftrag oder mit deren Einverständnis auch von einer gemäß Art. 80 DS-GVO dazu befugten Einrichtung, Organisation oder Vereinigung erhoben werden. Dazu gehören etwa Verbraucherzentralen.

Diese Beschwerdemöglichkeit haben Sie, wie Art. 77 Abs. 1 DS-GVO sagt, „insbesondere“ (also nicht nur) in dem Land, in dem Sie leben und in dem Land, in dem sich der Verstoß zugetragen hat. Im Ergebnis bedeutet dies, dass Sie sich mit einer Beschwerde an jede Aufsichtsbehörde in der EU wenden können. Wenn die Aufsichtsbehörde, an die Sie sich wenden, für das Unternehmen, gegen das sich Ihre Beschwerde richtet, nicht federführend zuständig ist, muss sie die Beschwerde in aller Regel an die zuständige Aufsichtsbehörde weiterleiten und Sie darüber informieren.

DEFINITION 6:

Federführende Aufsichtsbehörde ist die Aufsichtsbehörde am Sitz der Hauptniederlassung oder der einzigen Niederlassung des Verantwortlichen oder des Auftragsverarbeiters in der Europäischen Union (Art. 56 Abs. 1 DS-GVO).

Für den weiteren Verfahrensgang ist es von Bedeutung, ob sich Ihre Beschwerde gegen ein Unternehmen mit Hauptsitz in Deutschland oder in einem Mitgliedstaat der Europäischen Union richtet:

- Befindet sich die Hauptniederlassung des Unternehmens **in Deutschland**, dann geben alle Aufsichtsbehörden bei ihnen eingegangene Beschwerden an die Aufsichtsbehörde ab, in deren Zuständigkeitsbereich sich der Hauptsitz des Unternehmens befindet. Für die (deutsche) Aufsichtsbehörde, bei der Sie die Beschwerde eingelegt haben, ist in diesem Fall die Angelegenheit erledigt.

  Die Aufsichtsbehörde, die eine unzuständige Beschwerde abgibt, hat Sie über diese Abgabe zu informieren. Für Sie ist dann – egal, wo Sie wohnen – die für den Hauptsitz des Unternehmens zuständige Aufsichtsbehörde Ihr Ansprechpartner.
- Befindet sich die Hauptniederlassung **in einem anderen Mitgliedstaat der Europäischen Union**, dann gibt die Aufsichtsbehörde, bei der Sie Ihre Beschwerde eingereicht haben, diese an die Aufsichtsbehörde des Mitgliedstaats weiter, in dem sich die Hauptniederlassung des Unternehmens befindet, gegen die sich Ihre Beschwerde richtet.

  Dabei muss die unzuständige Aufsichtsbehörde mindestens den wesentlichen Inhalt der Beschwerde ins Englische übersetzen und ihn mittels eines von der Europäischen Kommission zur Verfügung gestellten Kommunikationstools (IMI = Internal Market Information System, d.h. Binnenmarkt-Infomationssystem) allen europäischen Aufsichtsbehörden zur Kenntnis geben.

  Dann wird in einem ersten Durchgang geklärt, welche Aufsichtsbehörde zuständig ist.

  Daran anschließend informiert die zuständige Aufsichtsbehörde die “betroffenen Aufsichtsbehörden“ und auch Sie über ihre weiteren Aktivitäten in diesem Beschwerdefall.

DEFINITION 7:

Betroffene Aufsichtsbehörden sind die Aufsichtsbehörden, in deren Zuständigkeitsbereich ein Verantwortlicher oder Auftragsverarbeiter eine Niederlassung hat (jedoch nicht die Hauptniederlassung, denn sonst wäre sie federführende Aufsichtsbehörde), ferner die Aufsichtsbehörden, in deren Zuständigkeitsbereich die Verarbeitung erhebliche Auswirkungen auf betroffene Personen mit Wohnsitz im Zuständigkeitsbereich haben kann und schließlich die Aufsichtsbehörde, bei der eine Beschwerde eingereicht wurde.

Die Aufsichtsbehörde, an die Sie sich mit einer grenzüberschreitenden Beschwerde, also einer Beschwerde gegen ein Unternehmen außerhalb von Deutschland, gewandt haben, bleibt stets als betroffene Aufsichtsbehörde in das Verfahren eingebunden. Das gilt auch dann, wenn sie nicht die federführende Aufsichtsbehörde ist. Selbst wenn sie an sich unzuständig ist, kann sie das Beschwerdeverfahren selbst durchführen, wenn die zuständige (federführende) Aufsichtsbehörde sie damit beauftragt. Ansonsten kann sie als „betroffene Aufsichtsbehörde“ gegenüber der federführenden Aufsichtsbehörde ihre Meinung zu Ihrer Beschwerde äußern und bleibt Ihnen als Ansprechpartner vor Ort erhalten.

TIPP

Am besten sollte jede Beschwerde bei der zuständigen Aufsichtsbehörde eingelegt werden, weil dies das Verfahren beschleunigt. Dazu können Sie beitragen, indem Sie selbst prüfen, wo die Hauptniederlassung des Unternehmens ist, gegen das Sie sich beschweren. Durch einen Blick auf die Homepage des Unternehmens und das dort vorhandene Impressum ist das häufig relativ leicht festzustellen. Richten Sie die Beschwerde dann unmittelbar an die zuständige Aufsichtsbehörde.

Form der Beschwerde

Eine gesetzlich vorgeschriebene Form der Beschwerde gibt es nicht. Andrerseits muss aber jede Aufsichtsbehörde zur Erleichterung der Einreichung einer Beschwerde ein Formular bereitstellen, das auch elektronisch ausgefüllt werden kann, ohne dass dadurch andere Kommunikationsmittel (z. B. Brief, Telefax) ausgeschlossen werden.

Soweit Aufsichtsbehörden eine Online-Beschwerdemöglichkeit anbieten, empfiehlt es sich, diese zu nutzen (siehe https://www.lda.bayern.de/de/beschwerde.html). Der Eingang der Beschwerde bei der Aufsichtsbehörde ist durch die Eingangsbestätigung, die Sie dabei erhalten, gut nachweisbar. Außerdem zwingt Sie das Ausfüllen der entsprechenden Felder im Beschwerdeformular (zu Ihrem Vorteil!) dazu, konkret anzugeben, wer Sie durch welche Handlung in Ihren Rechten verletzt haben soll. Ein solches, konkretes Vorbringen erfüllt in aller Regel die Voraussetzungen, um von der Aufsichtsbehörde als eine Beschwerde gewertet zu werden, die auch bearbeitet werden kann und muss.

Privacy Shield

Beim Privacy Shield handelt es sich um eine Vereinbarung zwischen der EU und den USA. US-Unternehmen, die personenbezogene Daten aus der EU erhalten, können sich verpflichten, ihre Vorgaben zu beachten. Das haben mehrere tausend US-Unternehmen getan. Die Weitergabe personenbezogener Daten in die USA ist in diesem Fall rechtmäßig, sofern die Vorgaben des Privacy Shield eingehalten sind.

Privacy Shield-Beschwerden betreffen damit nur die Verarbeitung von Daten in den USA. Wenn Sie der Auffassung sind, dass ein Unternehmen Ihre Daten unzulässig in den USA verarbeiten lässt, können Sie das von den Aufsichtsbehörden für diesen Sonderfall vorgehaltene Beschwerdeformular verwenden (siehe z. B. https://www.lda.bayern.de/de/international.html).

Frist für Beschwerdebearbeitung

Wenn Sie eine plausible Datenschutzbeschwerde erhoben haben, haben Sie einen Anspruch auf eine sachgerechte Nachforschung und gegebenenfalls auch einen rechtsmittelfähigen Bescheid der Aufsichtsbehörde (also auf eine Behördenentscheidung, gegen die Sie bei Gericht klagen können). Die Aufsichtsbehörde ist verpflichtet, Sie innerhalb von drei Monaten über den Stand des Verfahrens und gegebenenfalls das Ergebnis zu informieren. Wenn die Aufsichtsbehörde diese Frist nicht einhält, haben Sie prinzipiell die Möglichkeit, die Aufsichtsbehörde wegen Untätigkeit vor dem Verwaltungsgericht zu verklagen.

TIPP

Die Einreichung einer Beschwerde bei einer Aufsichtsbehörde ist für Sie kostenlos. Eine Klage beim Verwaltungsgericht ist jedenfalls dann, wenn Sie nicht vollständig gewinnen, für Sie mit Kosten verbunden.

Alle Aufsichtsbehörden haben seit Geltung der DS-GVO eine zum Teil sehr deutliche gestiegene Zahl von Beschwerden erhalten, die sie nicht alle innerhalb von drei Monaten erledigen können. In vielen Fällen schaffen sie es nicht einmal, die Beschwerdeführer über den Stand des Verfahrens zu informieren.

Bevor Sie eine Klage erheben, sollten Sie daher der Aufsichtsbehörde nochmals ausdrücklich Gelegenheit geben, Sie über den Stand Ihrer Beschwerde zu informieren. Erst dann, wenn die Aufsichtsbehörde auch darauf nachweisbar nicht reagiert hat, sollten Sie erwägen, eine Klage zu erheben.

Ergebnis der Beschwerde

Einen Anspruch darauf, dass die Aufsichtsbehörde eine bestimmte Maßnahme ergreift (z. B. Verwarnung, Anordnung oder gar Geldbuße), haben Sie nicht. Die Aufsichtsbehörde ist verpflichtet, den Sachverhalt zu ermitteln, zu bewerten und dann zu handeln. Bei der Ermittlung des Sachverhalts wird sie Ihr Beschwerdevorbringen prüfen und eine Stellungnahme des Unternehmens einholen, gegen das sich Ihre Beschwerde richtet.

Das Handeln der Aufsichtsbehörde kann darin bestehen, dass sie gegenüber dem Unternehmen eine Verwarnung ausspricht, eine Änderung seiner Datenverarbeitung vorschreibt und/oder wegen rechtswidriger Datenverarbeitung eine Geldbuße verhängt. Es kann aber auch sein, dass sie keine hoheitlichen Maßnahmen trifft, weil sie die Verarbeitung entweder für rechtlich zulässig hält oder einen möglichen Verstoß als lediglich geringfügig ansieht.

Die Aufsichtsbehörde hat Sie über das Ergebnis der Überprüfung Ihrer Beschwerde zu informieren. Wenn Sie mit dem Ergebnis bzw. dem Handeln der Aufsichtsbehörde nicht zufrieden sind, können Sie Klage beim Verwaltungsgericht gegen die Aufsichtsbehörde erheben. Eine solche Klage hat das Ziel, die Aufsichtsbehörde zu einer bestimmten anderen Handlungsweise verpflichten zu lassen.

Es besteht keine Verpflichtung, dass Sie sich beim Verwaltungsgericht durch einen Rechtsbeistand vertreten lassen. Dennoch sollten Sie sich vor einer derartigen Klage um anwaltliche Unterstützung bemühen. Die Hürden für den Erfolg einer derartigen Klage sind ziemlich hoch. Erfolg dürfte sie nur in dem ziemlich seltenen Fall haben, dass lediglich eine einzige, ganz bestimmte Entscheidung einer Aufsichtsbehörde richtig sein kann und somit alle anderen denkbaren Entscheidungen rechtswidrig wären und den Beschwerdeführer in seinen Rechten verletzen würden (sog. Ermessensreduzierung auf Null).

3. Kontrollanregung

Sie können jede Aufsichtsbehörde über einen Sachverhalt informieren, der nach Ihrer Ansicht einen Datenschutzverstoß darstellt. Eine derartige Anregung hat die Aufsichtsbehörde zur Kenntnis zu nehmen und im Rahmen des sogenannten pflichtgemäßen Ermessens zu verfolgen. Ob eine Aufsichtsbehörde einer solchen Anregung nachgeht, kann davon abhängen, wie gravierend der behauptete Verstoß ist, wie häufig vergleichbare Anregungen vorgebracht wurden und ganz besonders, welche personellen Ressourcen zur Verfügung stehen.

DEFINITION 8:

Eine **Kontrollanregung** ist eine Mitteilung über einen (behaupteten) Datenschutzverstoß, die von jedem, sei es eine natürliche oder juristische Person, einer Aufsichtsbehörde bekannt gegeben werden kann.

Die Kontrollanregung unterscheidet sich von einer Beschwerde dadurch, dass der oder die Mitteilende nicht plausibel darlegt, durch den behaupteten Datenschutzverstoß selbst in eigenen Rechten verletzt zu sein.

Wenn Sie von einem (relevanten) Datenschutzverstoß erfahren, ohne selbst davon betroffen zu sein, sollten Sie diesen der zuständigen Aufsichtsbehörde (siehe dazu oben) mitteilen. Die Aufsichtsbehörde sollte Ihnen dann eine entsprechende Eingangsmitteilung zuschicken. Einen Anspruch darauf, über das weitere Verfahren und etwaige hoheitliche Anordnungen der Aufsichtsbehörde informiert zu werden, haben Sie aber nicht.

6. Kapitel. Rechtsbehelfe gegen den Verantwortlichen

1. Recht auf Schadensersatz

Jede Person, der wegen eines Verstoßes gegen die DS-GVO ein materieller oder immaterieller Schaden entstanden ist, hat Anspruch auf Schadensersatz gegen den Verantwortlichen oder gegen den Auftragsverarbeiter.

Die Klage kann bei dem Zivilgericht erhoben werden, an dem sich eine Niederlassung des Verantwortlichen oder Auftragsverarbeiters befindet oder auch bei dem Gericht des Ortes, an dem die betroffene Person (d.h. Klägerin) ihren gewöhnlichen Aufenthalt hat.

Üblicherweise muss bei zivilrechtlichen Streitigkeiten die Klagepartei alles vorbringen und beweisen, was zur Geltendmachung des Rechtsanspruchs erforderlich ist. Bei Klagen wegen eines Verstoßes gegen die DS-GVO ist dies anders. Wenn die Klagepartei einen Verstoß plausibel glaubhaft gemacht hat, wird der Verantwortliche oder Auftragsverarbeiter, gegen den sich die Klage richtet, von der Haftung nur befreit, wenn er nachweist, dass er in keinerlei Hinsicht für den Umstand, durch den der Schaden eingetreten ist, verantwortlich ist. Es liegt insoweit eine gesetzlich angeordnete Beweislastumkehr vor.

Das Hauptproblem bei diesen Klageverfahren besteht darin, einen konkreten materiellen oder immateriellen Schaden nachzuweisen. Für dessen Existenz ist die Klagepartei beweispflichtig.

2. Sonstige zivilrechtliche Ansprüche

Unabhängig von den oben genannten Klagen auf Schadensersatz haben Sie die Möglichkeit, Klage bei einem Zivilgericht mit dem Ziel zu erheben, einen Verantwortlichen verpflichten zu lassen, ihnen gegenüber keinen Datenschutzverstoß mehr zu begehen.

BEISPIELE

- Wenn Ihr Nachbar Ihr Grundstück videoüberwacht, können Sie ihn mit dem Ziel verklagen, diese Videoüberwachung zu unterlassen und eventuell vorhandene Aufnahmen zu löschen.
- Wenn Sie trotz Widerspruch weiterhin von einem Unternehmen Werbung erhalten, können Sie das Unternehmen mit dem Ziel verklagen, das Zusenden von Werbung zu unterlassen.

3. Strafantrag

Das BDSG wertet bestimmte Datenschutzverstöße als Straftaten und nicht nur als Ordnungswidrigkeiten. Damit erfüllt es den Auftrag der DS-GVO, geeignete Sanktionen festzulegen (siehe Art. 84 Abs. 1 DS-GVO). So begeht etwa eine Straftat, wer nicht allgemein zugängliche personenbezogene Daten einer großen Zahl von Personen unberechtigt einem Dritten übermittelt oder auf andere Art und Weise zugänglich macht und hierbei gewerbsmäßig handelt (siehe § 42 Abs. 1 BDSG).

Die Strafverfolgungsbehörden dürfen in diesen Fällen aber nur tätig werden, wenn ein förmlicher Strafantrag gestellt wird.

Einen derartigen Strafantrag können die Datenschutzaufsichtsbehörden, der Verantwortliche, aber auch Sie selbst stellen, wenn Sie durch die Handlungsweise betroffen sind (§ 42 Abs. 3 Satz 1 BDSG). Dabei ist eine relativ kurze Antragsfrist zu beachten, die nicht verlängert werden kann (siehe § 77b Strafgesetzbuch). Werden Sie daher rasch aktiv, wenn Sie einen solchen Strafantrag beabsichtigen.

BEISPIEL

Der Bayerische Verwaltungsgerichtshof hat entschieden, dass ein Unternehmen nicht ohne Einwilligung seiner Kunden Daten an Facebook schicken darf. Facebook nutzt diese Kundendaten, um abzugleichen, ob ein Kunde des Unternehmens auch Mitglied bei Facebook ist. Stellt Facebook eine Übereinstimmung fest, so kann der Kunde auf Facebook vom Unternehmen beworben werden (so geht Facebook Custom Audience). Unternehmen, die trotz der Gerichtsentscheidung weiterhin ohne Einwilligung Daten an Facebook übermitteln, handeln nicht nur rechtswidrig, sondern auch gewerbsmäßig, weil sie damit Geld verdienen. Kunden oder Aufsichtsbehörden, die das erfahren, können in diesen Fällen einen Strafantrag stellen.

4. Arbeitsrechtliche Ansprüche

Wenn sie als Mitarbeiterin oder Mitarbeiter in einem Unternehmen der Auffassung sind, dass durch den Arbeitgeber mit Ihren personenbezogenen Daten unzulässig umgegangen wird, haben Sie die Möglichkeit, sich an den Datenschutzbeauftragten des Unternehmens zu wenden und ihn zunächst um seine Einschätzung zu bitten. Sollte auch er zur Auffassung gelangen, dass ein Datenschutzverstoß vorliegt, ist es seine Aufgabe, beim Arbeitgeber darauf hinzuwirken, dass der Verstoß abgestellt wird. Sollte dies keinen Erfolg haben, haben Sie die Möglichkeit, Klage beim Arbeitsgericht mit dem Ziel einzureichen, dass der Arbeitgeber verpflichtet wird, so zu handeln, dass ein Datenschutzverstoß nicht mehr vorliegt.

5. Abmahnungen

Ab Geltung der DS-GVO im Mai 2018 wurde intensiv darüber spekuliert, ob nun im Hinblick auf die neuen Vorschriften, die bestehende Rechtsunsicherheit und die Tatsache, dass viele Verantwortliche in vielfältiger Weise die Anforderungen der DS-GVO noch nicht vollständig erfüllen, eine große „Abmahnwelle" über Deutschland hinwegschwappen würde. Dazu kam es jedenfalls bisher nicht.

Ein Grund dafür könnte darin liegen, dass „Abmahnanwälte" selbst nicht sicher sind, wie die Anforderungen der DS-GVO zu erfüllen sind und dass sie deshalb das Risiko scheuen, entsprechende Verfahren zu verlieren. Ein Grund könnte aber auch sein, dass Datenschutzverstöße in keinem Fall mehr als abmahnfähige Wettbewerbsverstöße anzusehen sind, weil die DS-GVO abschließende Regelungen für Datenschutzverstöße trifft. So haben mittlerweile einige Gerichte entschieden. Es bleibt abzuwarten, ob sich diese Rechtsauffassung in der Rechtsprechung durchsetzen wird oder nicht.

Schutzlos bleiben Wettbewerber in keinem Fall. Wie oben beschrieben, haben sie immer die Möglichkeit, Datenschutzverstöße im Rahmen von Kontrollanregungen den Aufsichtsbehörden zur Kenntnis zu geben. Allerdings haben sie keinen Anspruch darauf, dass die Aufsichtsbehörde Maßnahmen ergreift.

7. Kapitel. Verbraucherschützer – Was können Sie von diesen erwarten?

Verbraucherschutzvereine verfolgen, wie sich z.B. aus der Satzung des Bundesverbandes der Verbraucherzentralen und Verbraucherverbände (VZBV) ergibt, den Zweck, Verbraucherinteressen wahrzunehmen, den Verbraucherschutz zu fördern, die Stellung des Verbrauchers in der sozialen Marktwirtschaft zu stärken und zur Verwirklichung einer nachhaltigen Entwicklung beizutragen.

Dies deckt sich nicht vollständig mit den Zielen der DS-GVO. Sie soll die Grundrechte und Grundfreiheiten natürlicher Personen und insbesondere deren Recht auf Schutz personenbezogener Daten schützen, wobei der freie Verkehr personenbezogener Daten aus Gründen des Schutzes natürlicher Personen bei der Verarbeitung personenbezogener Daten weder eingeschränkt noch verboten werden darf.

Festzustellen ist aber, dass es eine große Schnittmenge zwischen Verbraucherschutz und Datenschutz gibt. Immer dann, wenn mit personenbezogenen Daten von Verbrauchern umgegangen wird, darf dies nur in dem Umfang erfolgen, der datenschutzrechtlich zulässig ist. Art. 80 DS-GVO räumt „Einrichtungen, Organisationen oder Vereinigungen ohne Gewinnerzielungsabsicht, die nach dem Recht eines Mitgliedstaats begründet sind, deren satzungsgemäße Ziele im öffentlichen Interesse liegen und die im Bereich des Schutzes der Rechte und Freiheiten von betroffenen Personen in Bezug auf den Schutz ihrer personenbezogenen Daten tätig sind", besondere Kompetenzen ein.

Für Deutschland betrifft dies im Wesentlichen die Verbraucherzentralen und Verbraucherverbände (im Folgenden: Verbraucherzentralen), auf die sich die folgenden Ausführungen ausschließlich beziehen.

Die besonderen Kompetenzen bestehen zum einen in einer Vertretungsmöglichkeit betroffener Personen gegenüber Aufsichtsbehörden, Verantwortlichen und Auftragsverarbeitern und zum anderen, wenn das nationale Recht es vorsieht, in der Möglichkeit, selbstständig Beschwerden bei einer Aufsichtsbehörde einzulegen und Klagen gegen Aufsichtsbehörden, Verantwortliche oder Auftragsverarbeiter zu erheben.

1. Vertretung durch Verbraucherzentale

Eine betroffene Person kann eine Einrichtung, Organisation oder Vereinigung im genannten Sinn, also insbesondere eine Verbraucherzentrale – im Folgenden als „qualifizierte Einrichtung" bezeichnet – mit der Wahrnehmung ihrer Rechte beauftragen. Das heißt, statt eines Rechtsanwalts kann eine Verbraucherzentrale (als Ausweitung der prozessualen Vertretungsregel des § 79 Abs. 2 ZPO) für die betroffene Person folgende Maßnahmen durchführen:

- Beschwerde bei der Aufsichtsbehörde über ein Unternehmen einreichen (Art. 77 DS-GVO)
- Rechtsbehelf gegen die Aufsichtsbehörde einlegen (Art. 78 DS-GVO)
- Rechtsbehelf gegen den Verarbeiter einlegen (Art. 79 DS-GVO)
- Schadensersatz verlangen (Art. 82 DS-GVO)

Verbraucherzentralen können diese Maßnahmen im Auftrag einer betroffenen Person ergreifen, müssen das aber nicht. Für Beschwerden bei einem Unternehmen und/oder bei einer Aufsichtsbehörde stellen sie die üblichen Kosten für die außergerichtliche Rechtsberatung/-vertretung in Rechnung.

2. Verbandsklagemöglichkeit

Art. 80 Abs. 2 DS-GVO ermöglicht es den Mitgliedstaaten, den qualifizierten Einrichtungen im genannten Sinn die Befugnis einzuräumen, Datenschutzverstöße im eigenen Namen, aber ohne selbst verletzt zu sein, im Rahmen einer Verbandsklage geltend zu machen.

DEFINITION 9: VERBANDSKLAGE

Klagen haben in aller Regel nur Erfolg, wenn die Klagepartei behaupten kann, in eigenen Rechten verletzt zu sein. Bei einer **Verbandsklage** muss eine ausdrücklich dafür zugelassene Organisation (meist Verein oder Verband) nicht die Verletzung eigener Rechte geltend machen, sondern kann sich auf die Rechte der Allgemeinheit berufen. Besondere Bedeutung haben diese Klagen im Umweltbereich und nun auch im Datenschutz.

Qualifizierte Einrichtungen könnten dann

- eine Beschwerde gegen die Aufsichtsbehörde,
- eine Klage gegen die Aufsichtsbehörde oder
- eine Klage gegen den Verarbeiter

erheben.

Voraussetzung dafür wäre, dass es ein nationales Gesetz gibt, das die qualifizierten Einrichtungen ermächtigt, diese Maßnahmen zu ergreifen. Ob das in Deutschland vorhandene Unterlassungsklagengesetz (UKlaG) insoweit schon als vorweggenommene Umsetzung der DS-GVO angesehen werden kann, ist umstritten.

Nach Auffassung der Verbraucherzentrale Bayern stellt das Unterlassungsklagengesetz (UKlaG) schon eine Umsetzung des Art. 80 Abs. 2 DS-GVO dar, so dass eine Verbandsklage einer Verbraucherzentrale für den Bereich des Datenschutzes im eigenen Namen möglich ist.

Ob das zutrifft, werden zu gegebener Zeit die Gerichte entscheiden. Für Sie hat das keine unmittelbare Bedeutung. Wenn eine qualifizierte Einrichtung gegen Datenschutzverstöße vorgeht, von denen auch Sie betroffen sind, kann das positiv für Sie sein, weil Sie sich nicht mehr selbst darum kümmern müssen. Ihre oben beschriebenen Betroffenenrechte werden davon aber nicht berührt und bleiben vollumfänglich bestehen.

8. Kapitel. Welche Rechte betroffene Personen nicht haben

Die DS-GVO gibt jeder betroffenen Person einen ganzen Katalog von Rechten (siehe Kapitel III der DS-GVO). Dieser Katalog soll das Grundrecht auf Schutz ihrer personenbezogenen Daten wahren. Dies bedeutet allerdings nicht, dass eine betroffene Person in jeder Hinsicht darüber zu bestimmen hätte, was mit ihren personenbezogenen Daten geschieht. Im Folgenden sprechen wir einige Irrtümer und Mythen an, die im Zusammenhang mit den Rechten betroffener Personen häufig anzutreffen sind.

1. Verbot der Weitergabe von personenbezogenen Daten, sofern keine Einwilligung vorliegt?

„Ich fordere Sie auf, künftig ohne meine Einwilligung keine Daten mehr an andere Personen oder Stellen weiterzugeben!". Aufforderungen dieser Art erhält nahezu jeder Verantwortliche immer wieder einmal. Rechtliche Wirkung entfaltet eine solche Forderung nur dann, wenn die Verarbeitung personenbezogener Daten tatsächlich ausschließlich auf der Basis einer Einwilligung erfolgt. Ansonsten hat sie keinen rechtlichen Wert.

Die Weitergabe von personenbezogenen Daten ist eine Form der Verarbeitung dieser Daten (Art. 4 Nr. 2 DS-GVO). Die Verarbeitung von personenbezogenen Daten kann auf der Basis ganz unterschiedlicher Voraussetzungen rechtmäßig sein:

- Eine denkbare Rechtsgrundlage stellt die Einwilligung der betroffenen Person dar (siehe Art. 6 Abs. 1 Unterabsatz 1 Buchstabe a DS-GVO für „gewöhnliche" Daten; ferner Art. 9 Abs. 2 Buchstabe a DS-GVO für „besondere Kategorien personenbezogener Daten" wie etwa Gesundheitsdaten).
- Daneben gibt es jedoch zahlreiche Rechtsgrundlagen, bei denen die Einwilligung der betroffenen Person keine Rolle spielt. Sind ihre Voraussetzungen erfüllt, ist die Verarbeitung der jeweiligen personenbezogenen Daten rechtmäßig, ohne dass es einer Einwilligung bedarf.

BEISPIELE

- Dient die Verarbeitung von personenbezogenen Daten der Erfüllung eines Vertrages mit der betroffenen Person, so ist die Verarbeitung dieser Daten schon kraft Gesetzes rechtmäßig (Art. 6 Abs. 1 Unterabsatz 1 Buchstabe b DS-GVO); eine Einwilligung dafür ist nicht notwendig.
- Das gilt auch für die Verarbeitung von Gesundheitsdaten im Rahmen eines Behandlungsvertrages (Art. 9 Abs. 2 Buchstabe h DS-GVO); auch hierfür bedarf es keiner Einwilligung neben dem Vertrag.

Wenn die Verarbeitung auf einer Einwilligung beruht, hat die betroffene Person das Recht, ihre Einwilligung jederzeit zu widerrufen (Art. 7 Abs. 3 Satz 1 DS-GVO). In solchen Fällen kann man die oben geschilderte Forderung als Widerruf der Einwilligung interpretieren. Ein solcher Widerruf ändert zwar nichts daran, dass die Verarbeitung bis zum Zeitpunkt des Widerrufs (also die Verarbeitung in der Vergangenheit) rechtmäßig bleibt (Art. 7 Abs. 3 Satz 2 DS-GVO). Für die Zukunft, also ab dem Zeitpunkt des Widerrufs, besteht jedoch keine Rechtsgrundlage mehr für die Verarbeitung. Wenn die Verarbeitung trotzdem fortgeführt wird, ist sie rechtswidrig.

Anders sieht es hingegen aus, wenn die Verarbeitung überhaupt nicht auf einer Einwilligung beruht. Dann kann die oben geschilderte Forderung auch keine Wirkung entfalten. Die Verarbeitung erfolgt dann auf einer gesetzlich vorgesehenen Grundlage, bei der die Einwilligung der betroffenen Person gerade keine Rolle spielt. Die betroffene Person hat dann nicht die Möglichkeit, eine solche Verarbeitung an ihre Einwilligung zu knüpfen. Damit würde die vorhandene gesetzliche Grundlage in einer Weise eingeschränkt, die im Gesetz nicht vorgesehen ist. In diesen Fällen kann der Verantwortliche die oben geschilderte Aufforderung schlicht zurückweisen.

2. Generelle Möglichkeit des Widerspruchs gegen die Verarbeitung von personenbezogenen Daten?

„Ich widerspreche der weiteren Verarbeitung meiner personenbezogenen Daten." Forderungen dieser Art kennt ebenfalls nahezu jeder Verantwortliche. Manche betroffenen Personen glauben, sie hätten die Möglichkeit eines solchen generellen Widerspruchs, weil es schließlich um ihre personenbezogenen Daten gehe.

Die DS-GVO enthält tatsächlich ein Recht, das ausdrücklich als „Widerspruchsrecht" bezeichnet ist (siehe Art. 21 DS-GVO). Es handelt sich dabei jedoch nicht um ein allgemeines Widerspruchsrecht für die betroffene Person. Vielmehr betrifft es nur einige spezielle Konstellationen.

Sie liegen nur dann vor, wenn der Verantwortliche die Verarbeitung auf eine der beiden folgenden Rechtsgrundlagen stützt:

- Die Verarbeitung ist für die Wahrnehmung einer Aufgabe erforderlich, die im öffentlichen Interesse liegt oder in Ausübung öffentlicher Gewalt erfolgt, die dem Verantwortlichen übertragen wurde (Art. 6 Abs. 1 Unterabsatz 1 Buchstabe e DS-GVO).
- Die Verarbeitung ist zur Wahrung der berechtigten Interessen des Verantwortlichen oder eines Dritten erforderlich, sofern nicht die Interessen oder Grundrechte und Grundfreiheiten der betroffenen Person, die den Schutz personenbezogener Daten erfordern, überwiegen, insbesondere dann, wenn es sich bei der betroffenen Person um ein Kind handelt (Art. 6 Abs. 1 Unterabsatz 1 Buchstabe f DS-GVO).

Die Formulierung dieser Rechtsgrundlagen ist so kompliziert, dass man sie allenfalls beim zweiten Lesen versteht. Sie sind dadurch gekennzeichnet, dass Interessenabwägungen vorzunehmen sind. Solche Interessenabwägungen sind in der Regel schwierig und daher fehleranfällig. Aus diesem Grund wurde speziell im Hinblick auf sie ein Widerspruchsrecht der betroffenen Person geschaffen. Es bewirkt im Ergebnis, dass der Verantwortliche die Interessenabwägung anhand der Verhältnisse des Einzelfalls nochmals überprüft.

Ein praktisches Beispiel für eine Verarbeitung auf der Basis von Art. 6 Abs. 1 Unterabsatz 1 Buchstabe e DS-GVO ist die allgemeine Verkehrsüberwachung durch staatliche Stellen mit Video (Beobachtung des Verkehrsflusses ohne Bezug zu Verkehrsverstößen).

Ein praktisches Beispiel für eine Verarbeitung auf der Basis von Art. 6 Abs. 1 Unterabsatz 1 Buchstabe f DS-GVO ist die Tätigkeit von Auskunfteien wie der SCHUFA. Ob sie bestimmte Daten verarbeiten dürfen oder nicht, setzt immer eine Abwägung der Interessen von Schuldner, Gläubiger und möglicherweise weiteren Personen oder Stellen voraus.

Ob sich der Verantwortliche auf eine der beiden genannten Rechtsgrundlagen stützt, kann die betroffene Person aus den Informationen ersehen, die ihr der Verantwortliche unaufgefordert zur Verfügung stellt (bzw. stellen muss). Das geschieht, wenn der Verantwortliche Daten bei der betroffenen Person erhebt oder wenn der Verantwortliche auf andere Weise Daten über die betroffene Person erhält. In beiden Fällen muss er der betroffenen Person unter anderem die „Rechtsgrundlage für die Verarbeitung" nennen (siehe Art. 13 Abs. 1 Buchstabe c bzw. Art. 14 Abs. 1 Buchstabe c DS-GVO). Leider nehmen viele betroffene Personen diese Informationen überhaupt nicht zur Kenntnis. Sie werfen etwa entsprechende Merkblätter, die sie bei einem Vertragsschluss erhalten, ungelesen weg.

Das Widerspruchsrecht des Art. 21 DS-GVO gibt der betroffenen Person die Möglichkeit, ihre individuelle Situation zur Geltung zu bringen. Sie kann mithilfe des Widerspruchs geltend machen, dass die Verarbeitung in ihrem speziellen Fall rechtswidrig ist, weil ihre Interessen nicht ausreichend berücksichtigt wurden.

Schon diese relativ komplizierte Formulierung lässt erahnen, dass es meist nicht leicht ist, solche individuellen Besonderheiten vorzutragen. Dies ist jedoch erforderlich. Ein Widerspruch mit der allgemeinen Begründung, die Interessen der betroffenen Person seien nicht ausreichend berücksichtigt worden, wird durchweg keinen Erfolg haben. Die DS-GVO berücksichtigt nur Gründe, die sich aus der besonderen Situation der betroffenen Person ergeben. Außer ihr selbst kennt diese Situation jedoch normalerweise niemand sonst, schon gar nicht der Verantwortliche.

Die formal korrekte Einlegung eines Widerspruchs führt nur dazu, dass der Verantwortliche die betreffenden Daten jedenfalls zunächst nicht mehr verarbeiten darf (Art. 21 Abs. 1 Satz 2 DS-GVO). Er darf die Verarbeitung jedoch fortführen, wenn er – vereinfacht gesagt – begründen kann, dass die behauptete besondere persönliche Situation nicht vorliegt.

Im Ergebnis ist die praktische Bedeutung des Widerspruchsrechts gemäß Art. 21 DS-GVO recht gering. Am ehesten spielt es eine Rolle im Bereich der Auskunfteien (siehe Muster 9 auf S. 35).

3. Recht auf Auskunft über medizinische Daten von verstorbenen Angehörigen?

Die Meinung, dass Angehörige ein Recht auf solche Auskünfte hätten, ist erstaunlich weit verbreitet. Es handelt sich dabei jedoch um einen rechtlichen Mythos. Zwar kann es in begründeten Einzelfällen derartige Auskünfte geben. Ein allgemeines Recht darauf besteht jedoch nicht. Dabei sollte man zum Hintergrund folgendes wissen:

- Die DS-GVO befasst sich mit dem Thema „Daten verstorbener Personen" in keiner Weise. Erwägungsgrund 27 Satz 1 zur DS-GVO sagt dazu: „Diese Verordnung gilt nicht für die personenbezogenen Daten Verstorbener."
- Erwägungsgrund 27 Satz 2 zur DS-GVO ergänzt dazu folgendes: „Die Mitgliedstaaten können Vorschriften für die Verarbeitung der personenbezogenen Daten Verstorbener vorsehen."
- Genau das ist in Deutschland für den medizinischen Bereich seit vielen Jahrzehnten geschehen. Das Strafgesetzbuch (StGB) enthält in § 203 Abs. 1 StGB die Verpflichtung zur Schweigepflicht von Ärzten und anderen Angehörigen von Heilberufen. Diese Verpflichtung gilt ausdrücklich über den Tod der betroffenen Person hinaus (§ 203 Abs. 5 StGB).
- Die Rechtsprechung lässt es unter engen Voraussetzungen zu, dass die Schweigepflicht nach dem Tod der betroffenen Person durchbrochen wird. Im Wortlaut des Strafgesetzbuchs selbst finden sich dazu keine näheren Aussagen. Die Rechtsprechung hat jedoch beispielsweise den Grundsatz entwickelt, dass bei gewichtigen Interessen von Angehörigen eine Durchbrechung infrage kommt.

BEISPIEL

Angehörige benötigen eine Auskunft über die Todesursache, um die Auszahlung einer Lebensversicherung zu erreichen, die der Verstorbene zu ihren Gunsten abgeschlossen hat.

Anhang. Verzeichnis der Definitionen, Muster und Verweise

1. Definitionen

- **Definition 1:** Personenbezogene Daten
- **Definition 2:** Betroffene Person
- **Definition 3:** Verantwortlicher
- **Definition 4:** Auftragsverarbeiter
- **Definition 5:** Datenschutzbeschwerde
- **Definition 6:** Federführende Aufsichtsbehörde
- **Definition 7:** Betroffene Aufsichtsbehörde
- **Definition 8:** Kontrollanregung
- **Definition 9:** Verbandsklage

2. Muster

Die folgenden Muster finden Sie auf der Homepage des Bayerischen Landesamts für Datenschutzaufsicht unter www.lda.bayern.de/de/muster.html:

- **Muster 1:** Widerruf einer Einwilligung gemäß Art. 7 Abs. 3 DS-GVO
- **Muster 2:** Antrag auf Auskunft, ob Daten verarbeitet werden (1. Stufe)
- **Muster 3:** Negativattest
- **Muster 4:** Antrag auf Auskunft gemäß Art. 15 DS-GVO (ausführliche Fassung)
- **Muster 5:** Antrag auf Berichtigung gemäß Art. 16 DS-GVO
- **Muster 6:** Antrag auf Löschung gemäß Art. 17 DS-GVO
- **Muster 7:** Antrag auf Einschränkung der Verarbeitung gemäß Art. 18 DS-GVO
- **Muster 8:** Antrag auf Übertragung der Daten gemäß Art. 20 DS-GVO
- **Muster 9:** Widerspruch gemäß Art. 21 DS-GVO gegen die Datenverarbeitung auf der Basis einer Interessenabwägung

3. Verweise (Linkliste)

Folgende weiterführenden Dokumente können Sie unter folgenden Links erreichen:

- DSK Kurzpapier: Auskunftsrecht https://www.datenschutzkonferenz-online.de/media/kp/dsk_kpnr_6.pdf
- DSK Kurzpapier: Informationspflichten bei Dritt- und Direkterhebung https://www.datenschutzkonferenz-online.de/media/kp/dsk_kpnr_10.pdf
- Beschwerdeformular wegen Verstoß gegen das Privacy Shield: https://www.lda.bayern.de/media/privacy_shield_form.docx
- Mustertexte der Verbraucherzentralen: https://www.verbraucherzentrale.de/wissen/digitale-welt/datenschutz/ihre-daten-ihre-rechte-die-datenschutzgrundverordnung-dsgvo-25152
- Mustertexte der österreichischen Datenschutzbehörde: https://www.dsb.gv.at/dokumente
- Informationen und Mustertexte der Digitale Gesellschaft e. V. (gefördert durch das Bundesministerium der Justiz und für Verbraucherschutz): https://deinedatendeinerechte.de/

Register

Notizen

Notizen